TOKIO
INSÓLITA Y SECRETA

Pierre Mustière y Yoko Kera

EDITORIAL JONGLEZ

guía de viaje

Nacido en Francia en 1976, **Pierre Mustière** vive en Tokio desde 1998. Casado con una japonesa menos enamorada de Tokio que él, apasionado por la historia de la ciudad e interesado por sus pequeñas historias, los fines de semana suele pasear por los rincones desconocidos de la capital nipona en busca de un puente perdido, de una callejuela oscura, de un santuario escondido o de un jardín oculto, para descubrir o redescubrir partes de esta metrópolis que creía conocer.

Yoko Kera (良 曜 子 子) es originaria de la isla de Sado, en el mar del Japón. Se mudó a Tokio para estudiar en la prestigiosa Universidad de Tokio (Todai) y le interesan especialmente las influencias internacionales que tiene Tokio.

Pierre y Yoko están casados y tienen una hija.

Ha sido un verdadero placer para nosotros elaborar la guía *Tokio insólita y secreta* y esperamos que, al igual que a nosotros, le sirva de ayuda para seguir descubriendo aspectos insólitos, secretos o aún desconocidos de la capital japonesa. La descripción de algunos de los lugares se acompaña de unos recuadros temáticos que mencionan aspectos históricos o cuentan anécdotas permitiendo así entender la ciudad en toda su complejidad.

Tokio insólita y secreta señala los numerosos detalles de muchos de los lugares que frecuentamos a diario y en los que no nos solemos fijar. Son una invitación a observar con mayor atención el paisaje urbano y, de una forma más general, un medio para que descubran nuestra ciudad con la misma curiosidad y ganas con que viajan a otros lugares…

Cualquier comentario sobre la guía o información sobre lugares no mencionados en la misma serán bienvenidos. Nos permitirá completar las futuras ediciones de esta guía.

No duden en escribirnos:
Editorial Jonglez, 25 rue du Maréchal Foch
78000 Versailles, Francia
Par mail : info@editorialjonglez.com

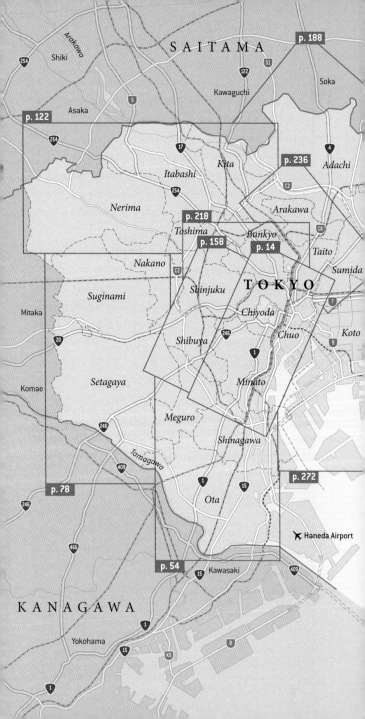

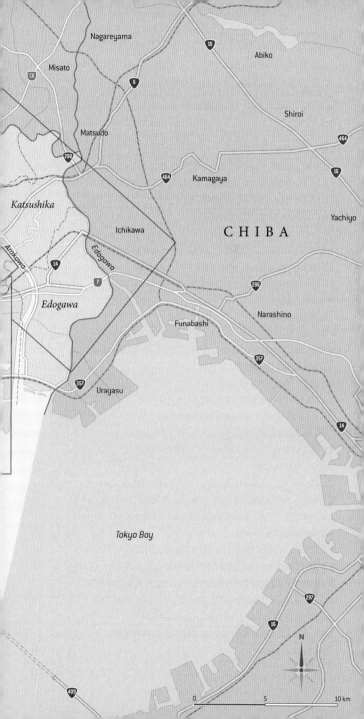

ÍNDICE GENERAL

Minato / Chiyoda / Chuo

Ota / Shinagawa / Meguro

ÍNDICE GENERAL

Setagaya / Suginami / Nakano

Nerima / Itabashi / Kita

ÍNDICE GENERAL

Shibuya / Shinjuku

Edogawa / Katsushika / Adachi

Bunkyo / Toshima

ÍNDICE GENERAL

Arakawa / Taito / Sumida

Koto

Minato / Chiyoda / Chuo

LA SECCIÓN DE CRIMINOLOGÍA DEL MUSEO DE LA UNIVERSIDAD MEIJI

Torturas de todo tipo

1-1 Kanda-Surugadai Chiyoda-ku (東京都千代田区神田駿河台1-1)
Cómo llegar: a 5 minutos andando de Ochanomizu (御茶ノ水) o Shin-Ochanomizu (新御茶ノ水), líneas JR Sobu/Chuo, Tokyo Metro Marunouchi, Tokyo Metro Chiyoda
Abierto de 10 a 17 h. Cerrado domingos, festivos, vacaciones escolares de verano (del 10 al 16 de agosto) y del 26 de diciembre al 7 de enero • Entrada gratuita

El museo de la universidad privada Meiji, situado en el subsuelo del edificio Academy Common del campus de Suragadai, se divide en tres secciones principales. Aunque la sección de arqueología y la de bienes de consumo son interesantes, la más sorprendente es la sección de criminología (刑事博物館), situada entre las otras dos. Contiene una rica colección de objetos relacionados con la historia de las leyes, juicios y sentencias. Destacan entre otros las ilustraciones minuciosas de las prácticas de tortura del periodo Edo con las "herramientas" utilizadas. Los métodos de ejecución más o menos creativos según la gravedad del crimen cometido también se recogen detalladamente en ilustraciones a veces muy gráficas, incluidas unas fotos antiguas espectaculares. La severidad de las penas en aquella época podría parecer extrema hoy en día. Aunque se tratan de réplicas de principios del siglo XX, el museo posee la única virgen de Nuremberg[1] de Japón así como una guillotina. Leyes manuscritas antiguas, planchas de decretos de ley de madera o ejemplos de instrumentos usados para capturar a los fugitivos en la época Edo completan esta original colección. Otros instrumentos de tortura variados se exponen en este museo de particular ambiente y muy desaconsejado para las almas sensibles, como así lo recuerda un cartel. Merece por completo su pequeño apodo de "museo de la tortura.

[1] *Instrumento de tortura en forma de sarcófago cuyo interior está tapizado de largos clavos de hierro.*

PILARES INDICADORES DEL PUENTE DE SAKUMABASHI

②

Un puente sin río a la salida de Akihabara

1 Kanda-Sakumachi Chiyoda-ku (東京都千代田区神田佐久間町 1)
Cómo llegar: a 5 minutos de Akihabara (秋葉原), líneas Tokyo Metro Hibiya,
JR Yamanote, JR Sobu, JR Keihin Tohoku o MIR Tsukuba Express. Visibles las
24 horas

A la altura de la salida sur de la estación de Akihabara, entre Yodo-bashi y el río Kandagawa, en el lado sur del parque Akihabara y del otro lado de la avenida en dirección al río, se yerguen unos pilares con el nombre del puente. Estos pilares, con la inscripción del nombre del puente al que hacían referencia, recuerda la existencia del puente de Sakumabashi (佐久間橋, *Puente de Sakuma*). Sin embargo, curiosamente, no parece que haya ningún río que cruzar. La explicación es histórica. En sus inicios, Akihabara era un centro de transporte multi-modal: las mercancías se transportaban en barco por el río Kandagawa

y luego se enviaban a la estación por un estrecho canal construido a finales del siglo XIX (luego soterrado) por encima del cual pasaba el desaparecido puente. A finales de la era Meiji, Akihabara era la segunda ter-minal ferroviaria de carga más activa de la isla. El canal fue soterrado en los años 60. La estación no empezó a dar servicio a pasa-jeros hasta 1925. El barrio, mucho antes de ser una referencia para la electrónica, alber-gaba principalmente vendedores de madera. Entre ellos, Heihachi Sakuma[1], que dejó su nombre al puente y al barrio.

El minúsculo barrio de Akihabara

Los neones de los alrededores de la estación de Akihabara no es-tán en el barrio que lleva el mismo nombre sino que están reparti-dos en varios barrios del distrito de Chiyoda (Kanda-Sakumacho, Kanda-Hirakawacho, Kanda-Matsunagacho, Kanda-Hanaokacho, Kanda-Aioicho, Kanda-Neribeicho y Soto-Kanda). El barrio admi-nistrativo de Akihabara está en Taito, un poco en el límite del albo-roto del mundo electrónico, a unos 500 m al norte de la estación. Es una serie de bloques bastante normales que bordean las vías del tren, lejos de la imagen preconcebida.

---

[1] 佐久間平八, *en activo a principios del siglo XVII.*

LA PLATAFORMA DE OBSERVACIÓN DE LOS TRENES

Un observatorio en los andenes renovados de una antigua estación

1-25-4 Kanda-Sudacho Chiyoda-ku (東京都千代田区神田須田町1-25-4)
Cómo llegar: a 5 minutos andando de Akihabara (秋葉原), líneas Tokyo Metro
Hibiya, JR Yamanote, JR Sobu, JR Keihin Tohoku o MIR Tsukuba Express
Horario (plataforma de observación): de lunes a sábado de 11 a 12 h.
Domingos y festivos de 11 a 20.30 h

Justo al lado de Akihabara, la antigua estación de Manseibashi, cerrada en 1943, se renovó y volvió a abrir en septiembre de 2003 bajo la forma de un complejo comercial, el mAAch ecute Kanda Manseibashi (マーチエキュート神田万世橋). El complejo reutiliza algunos elementos de la estructura de la estación, especialmente sus ladrillos rojos.

mAAch ecute alberga varios restaurantes, tiendas y cafés bastante agradables pero el punto de interés máximo para visitarlo es pasear por los andenes de la estación, reconvertidos en plataforma de observación de los trenes que recorren la línea Chuo. La plataforma está acristalada, lo que permite disfrutar tranquilamente del espectáculo. Un café ocupa una parte de los andenes para quien quiera picar algo mientras mira pasar los trenes. Dos escaleras originales dan acceso al café, una data de 1935 y la otra de 1912. La apertura hasta tarde del complejo y la iluminación bien pensada permiten disfrutar de los trenes nocturnos mientras al fondo brillan las luces de Akihabara. Con la frecuencia de paso de la Chuo, el espectáculo está garantizado.

La estación de Manseibashi, abierta en 1912, fue la primera última parada de la Chuo. Diseñada por Tatsuno Kingo[1], a quien también debemos la estación de Tokio, Manseibashi perdió importancia tras la apertura de esta última en 1919. Luego el edificio original de la estación se incendió en el terremoto de 1923, sin que se reconstruyese en su estilo original. Tras la apertura dc las estaciones de Kanda y Akihabara, la afluencia disminuyó y la estación cerró definitivamente en 1943. Un museo ferroviario ocupó su lugar pero acabó cerrando en 2006.

La estación fantasma de Manseibashi

Bajo tierra, entre Kanda y Suehirocho, en la línea Ginza, hay otra estación de metro de Manseibashi que estuvo abierta tan solo dos años, entre 1930 y 1931. Esta estación está cerrada al público pero un ojo extremadamente observador podrá distinguir desde las ventanas del metro de la línea Ginza una variación en la frecuencia de los pilares de soporte del túnel en el trayecto hacia Kanda. Bajo las rejillas de la acera de la calle Chuo, cerca de la tienda Laox de Akihabara, los conductos de ventilación siguen ahí.

---

[1] 辰野金吾, *1854-1919. Arquitecto de la era Meiji.*

LA ESTATUILLA DE DAIKOKUTEN DEL MINOBU-BETSUIN

Una estatua de aceite

Templo Minobu-Betsuin
3-2 Nihonbashi-Kodenmacho Chuo-ku (東京都中央区日本橋小伝馬町3-2)
Cómo llegar: a 2 minutos de Kondenmacho (小伝馬町), línea Tokyo Metro Hibiya

En el recinto del pequeño templo Minobu-Betsuin (身延別院), que no debe confundirse con su importante vecino Daianrakuji, destaca una estatua reluciente y regordeta de Daikokuten. Esta estatuilla es una de las Aburakake-Daikokuten (油掛大黒天, El Daikoku a regar con aceite) del país y el único en Tokio. Según la tradición, hay que regarla con aceite para atraer la buena suerte, por lo tanto el aspecto brillante de la estatuilla no es una casualidad. La estatua no es tan antigua. Justo después de la guerra, la esposa del actor Kazuo Hasegawa[1], muy creyen-

te, vio a Daikokuten en sueños y habló de ello en el templo, que mandó erigir una estatua para que los tokiotas pudiesen también venerarle como se debe. Como la estatuilla está rodeada de aceite basta con usar el pequeño cucharón que hay junto a ella para regar al Daikokuten con aceite. En el recinto del templo se alza también una estela erigida en 1983 por una agrupación local de cocineros vendedores de *kabayaki*, una especialidad famosa del barrio. Esta estela se construyó para venerar y agradecer el pescado gracias al cual viven estos vendedores.

---

[1] 長谷川一夫, *1908-1984. Actor de teatro y de cine (con casi 300 películas en su haber), particularmente activo en los años 40 y 50.*

EN LOS ALREDEDORES
La campana de Kokucho ⑤

Justo enfrente del Minobu-Netsuin, el parque de Jisshi-Koen ocupa el espacio donde estuvo la cárcel de Denmacho en la época Edo. En medio del parque se alza un pequeño campanario de cemento que protege la campana de Kokucho (石町時の鐘). Varios incendios destruyeron varias veces la campana y la actual es de 1711. La campana estaba a unos 200 m de su ubicación actual. Antaño se tocaba la campana para señalar el momento en que se ejecutaba a alguien en la prisión. Ahora, se toca solo el 1 de enero. Es la primera de las nueve campanas que se instalaron en Edo para dar la hora a los habitantes de la ciudad. Aún quedan otras dos campanas de época, una en el parque de Ueno (no muy lejos del rostro de Buda, ver p. 246), y una en el templo Senso-ji en Asakusa. Las otras seis campanas (Honjo, Yokoyamamachi, Ichigaya-Yawata, Meguro-Fudo, Akasaka-Tamachi y Yotsuya) han desaparecido.

Medida del tiempo en Edo

El modo tradicional de dar la hora en la época Edo era ligeramente distinto al actual. Antes el día se dividía en 12 "horas" asociadas a los signos del zodiaco chinos (6 nocturnos, 6 diurnos) de duración variable en función de la duración del día y por lo tanto de las estaciones. Las horas se contaban a partir de 9, las horas novenas correspondían a la mitad de la noche y del día, bajando hasta 4, la última hora de la mañana y última hora antes de la mitad de la noche (en otras palabras, en orden a partir de la mitad de la noche: 9,8,7,6,5,4,9,8,7,6,5,4). Las horas sextas correspondían a la salida y a la inminente puesta del sol. Las campanas tañían primero 3 veces, luego daban la hora, cambiando el ritmo.

En 1872, el gobierno Meiji terminó adoptando la práctica occidental con las duraciones constantes para las 24 horas de cada día, creando a su vez, durante algunos meses, una transición difícil para los japoneses.

Dar automáticamente las horas de duración variable era un reto importante de ingeniería, que dio lugar a la creación de algunas piezas mecánicas impresionantes, como el reloj universal de Hisashige Tanaka[1], de 1851, expuesto en el Museo Nacional de Naturaleza y Ciencia en el parque de Ueno.

---

[1] 田中久重, 1799-1881. Ingeniero y fundador en 1875 de Shibaura Seisakusho (芝浦製作所), que se convirtió en 1939 en Toshiba tras fusionarse con Tokyo Denki. Una réplica del reloj universal se expone en el Toshiba Science Museum de Kawasaki.

PASONA GROUP URBAN FARM

Oficinas en una granja

2-6-4 Otemachi Chiyoda-ku (東京都千代田区大手町2-6-4)
Cómo llegar: Otemachi (大手町), líneas Tokyo Metro Hanzomon, Tokyo Metro
Tozai, Tokyo Metro Marunouchi, Tokyo Metro Chiyoda, Toei Mita
Abierto de 10.30 a 17 h. Cerrado sábados, domingos y festivos
La granja se trasladará a otro edificio próximamente. Para más información
consulte la web: http://www.pasona-nouenta i.co.jp/

La granja urbana Pasona O2, gestionada por la compañía de recursos humanos Pasona, ocupaba la antigua cámara acorazada del banco Daiwa, desaparecido en 2003. En 2010, Pasona 02 cerró, las oficinas de la compañía se trasladaron a su ubicación actual y el saber hacer se extendió a todo el edificio, llevando más lejos el concepto de la convivencia entre la naturaleza y el trabajo en oficina, para crear la llamada Pasona Group Urban Farm (パソナグループアーバンファーム).

Este edificio rehabilitado de los años 50, con la fachada vegetal y, a veces, cubierta de flores, se distingue fácilmente desde fuera. Las 200 especies de plantas de las fachadas sirven de aislante natural, conservando el calor en invierno y proporcionando frescor en verano. Dos de las plantas del edificio están parcialmente abiertas al público y se pueden visitar de forma gratuita sin necesidad de reservar.

En la planta baja, un humedal artificial de 90m2 (que vuelve a servir de arrozal tras quedar temporalmente sin uso a causa del terremoto de 2011) está iluminado por lámparas halógenas y de vapor de sodio. Un campo de flores interior añade un poco de color en cualquier época del año, mientras se cultiva una gran variedad de plantas en estanterías iluminadas artificialmente por lámparas fluorescentes híbridas. A veces también cuelgan pepinos y calabazas del techo. Hasta los baños de la segunda planta tienen algo de selva.

Se cultivan en total unas 80 especies de plantas en estas oficinas, en medio de los empleados. Las verduras que crecen en la granja urbana se comen en la cantina. Aunque las plantas superiores y el tejado están cerrados al público general también forman parte de este edificio que representa un ejemplo original de oficina-granja en plena ciudad.

LA ESTELA DE LA RESIDENCIA DE WILLIAM ADAMS

El consejero inglés de asuntos exteriores del sogún

1-10 Nihonbashi-Muromachi Chuo-ku (東京都中央区日本橋室町1-10)
Cómo llegar: a 5 minutos andando de Mitsukoshi-mae (三越前), líneas Tokyo
Metro Ginza y Tokyo Metro Hanzomon
Abierto las 24 horas

La ubicación de lo que fue la residencia en Edo del navegante inglés William Adams (三浦按針屋敷跡), conocido en Japón como Miura Anjin (三浦按針), está señalada por una sobria estela gris situada a unos metros del gran almacén Mitsukoshi y del Banco de Japón.

La estela, que está en retranqueo con respecto a la acera, está ubicada

al lado de una joyería y es fácil no verla. La calle que pasa por delante de la estela sigue llevando el nombre del navegante, Anjin-Dori (按針通り).

En 1930 se erigió una primera estela pero quedó destruida en la guerra. La estela actual es de 1951.

Miura Anjin o el primer samurái occidental

James Clavell trasladó la fascinante vida de William Adams en su novela *Sogún*, adaptada a la televisión en una serie con el mismo título y donde Richard Chamberlain interpretó al navegante inglés (pero con otro nombre). Adams, que llegó a Japón en 1600, unos meses antes de la batalla de Sekigahara, como piloto en un barco holandés a la deriva, se ganó la confianza de Tokugawa Ieyasu. Ieyasu se convirtió en el primer sogún Tokugawa en 1603 y Adams en su consejero en materia de asuntos exteriores. Adams, ascendió a *hatamoto*, tomó el nombre de Miura Anjin y es, de hecho, el primer samurái occidental. Al morir Ieyasu en 1616, Adams perdió su influencia ante el sogunato y quedó confinado en Hirado, en Nagasaki, mientras que el país entraba poco a poco en su periodo de aislamiento. Adams falleció en 1620.

EN LOS ALREDEDORES

El monumento conmemorativo de Nihonbashi Uogashi ⑧

Antes de Tsukiji

A unos diez metros de la estela de la casa de Adams, cerca del 1-10 de la Kandagawa y al lado de una boca de metro, se alza una pequeña estatua de una mujer sentada. Esta discreta estatua, erigida en 1953, marca el emplazamiento de Nihonbashi Uogashi (日本橋魚河岸), el histórico mercado de pescado de Edo y de Tokio. Este mercado, seriamente dañado en el terremoto de 1923, se trasladó a Tsukiji, estableciendo así las bases del mercado de pescado moderno. Hoy ya no queda gran cosa del ambiente animado de lo que fue uno de los mayores centros económicos de Edo.

EL MONUMENTO CONMEMORATIVO DE LA CABEZA DE TAIRA NO MASAKADO

El mensaje es claro: no hay que molestar a Masakado

1-2-1 Otemachi Chiyoda-ku (東京都千代田区大手町1-2-1)
Cómo llegar: a 5 minutos andando de Otemachi (大手町), línea Tokyo Metro Hanzomon, Tokyo Metro Marunouchi, Tokyo Metro Tozai, Tokyo Metro Chiyoda, Toei Mita • Abierto las 24 horas

En el corazón del distrito de las sedes de los grupos financieros y de las empresas comerciales más importantes, un estrecho monumento a la sombra de unos árboles llamado la tumba de la cabeza de Taira no Masakado (平将門の首塚) está dedicado a la cabeza del que se convirtió en la divinidad protectora, el *shugoshin* de la ciudad, venerado entre otros en Kanda-Myojin. Según una de las leyendas de Masakado,

la cabeza cortada del guerrero habría volado sola desde Kioto (en la época Heian) hacia Kanto para recuperar su cuerpo, y habría aterrizado aquí, sobre lo que era probablemente una tumba de Kofun, en la época a orillas de la bahía, antes de que Tokio creciera. El lugar es muy respetado y está muy bien cuidado para evitar enfadar a la divinidad; las ofrendas recientes están alineadas a los pies de la tumba. Las anécdotas, coincidencias desafortunadas, supersticiones, rumores de maldiciones y otras leyendas abundan en aquellos que habrían corrido el riesgo de despertar la ira de Masakado. Tras el terremoto de 1923, unos edificios temporales del Ministerio de Economía, que se había incendiado tras el seísmo, sustituyeron la tumba (por entonces más alta). El ministro murió y, al parecer, varias personas más que participaron directamente en la construcción de los edificios. Estos terminaron ardiendo a causa de un rayo durante una fuerte tormenta. Tras la guerra, se tendría que haber construido un aparcamiento para el cuartel general de los aliados en el lugar del monumento pero la muerte del conductor de un buldózer paralizó las obras. El mensaje es claro: no hay que molestar a Masakado. Caben destacar las numerosas estatuillas de ranas (蛙, *kaeru*) en el recinto del monumento, son ofrendas para pedir que un empleado trasladado al extranjero o un familiar desaparecido regrese (帰る, *kaeru*, regresar) sano y salvo, como ocurrió con la cabeza de Masakado a Kanto.

Taira no Masakado

Taira no Masakado (平将門) era un noble oriundo de Kanto, precursor de una las rebeliones armadas más importantes contra el poder central a mediados del siglo X. En 940, tras una serie de conflictos con otros nobles locales, *a priori* sin relación directa con la corte kioteña, Masakado acabó controlando directamente gran parte de la región derrocando de paso al gobierno de la provincia de Hitachi. Kioto pidió entonces terminar con lo que se había convertido en una amenaza para el poder central, y un ejército encabezado por Taira no Sadamori[1] y Fujiwara no Hidesato[2], ampliamente superior en número a los rebeles de Kanto, aplastó la revuelta. Llevaron la cabeza de Masakado a Kioto para exhibirla en público 2 noches y 3 días.

En los siglos siguientes, Masakado entró en la leyenda y fue el autor de muchas supersticiones y folclores que reflejaban la oposición entre Kanto y Kansai. Fue deificado en Kamda-Myojin en 1309, y el santuario se convirtió en el protector de Edo durante el sogunato Tokugawa.

---

[1] 平貞盛, ?-989, primo de Taira no Masakado, cuyo padre (el tío de Masakado) fue asesinado en 935 en la batalla de Nomoto en la que participó Masakado.
[2] 藤原秀郷, ?- ?, general noble, ver p. 274.

CHINREISHA

El otro santuario de las víctimas de las guerras

3-1-1 Kudan-Kita Chiyoda-ku (東京都千代田区九段北3-1-1)
Cómo llegar: a 10 minutos andando de Kudanshita (九段下), líneas Tokyo
Metro Hanzomon, Tokyo Metro Tozai, Toei Shinjuku
Horario: Yasukuni abre a las 6 h. Cierra a las 17 h (enero, febrero, noviembre
y diciembre), a las 18 h (marzo, abril, septiembre y octubre) y a las 19 h
(de mayo a agosto)
Chinreisha: uno puede acercarse al santuario previa petición a un sacerdote
(por ejemplo, a través de una miko *presente en el templo) y a condición de ir*
acompañado, oficialmente por razones de seguridad

L a parte trasera del recinto de Yasukuni alberga el Chinreisha (鎮霊社), un pequeño *hokora* construido en 1965 por iniciativa del sacerdote principal, el príncipe Tsukuba Fujimaro[1].

El santuario principal de Yasukuni venera a todos los que murieron en combate en nombre del emperador después de la era Meiji, entre ellos hay personajes muy controvertidos. El pequeño Chinreisha, a menudo olvidado, venera el *kami* de todas las víctimas de los horrores de la guerra, sin distinción de nacionalidades. De este modo también es un santuario para los muertos que no habrían tenido su sitio en el santuario

principal, como las víctimas de las bombas atómicas o de los bombardeos americanos, o incluso para Saigo Takamori[2].

Al igual que el santuario principal, Chinreisha está (muy) lleno de indirectas políticas y a veces es fuente de debates tensos y de acciones extremas. El 31 de diciembre de 2014, al terminar el día, un joven, aparentemente suicida, intentó incendiar el santuario que sufrió serios daños y tuvo que ser restaurado.

Para entrar en el recinto del Chinreisha con el fin de presentar sus respetos, hay que perdírselo a un sacerdote e ir acompañado.

EN LOS ALREDEDORES
Los pilares de la puerta principal de Yasukuni ⑪
Rastros de un intento de incendio
Yasukuni, donde se venera el *kami* de 2,4 millones de muertos en nombre del emperador, ha sido víctima de las pasiones nacionalistas entre Japón y algunos de sus vecinos asiáticos. Los baños en el lado sur sufrieron un pequeño atentado con bomba en noviembre de 2015 que felizmente no causó víctimas. La puerta principal del santuario, decorada con el sello imperial, sigue teniendo las marcas visibles en un pilar de la izquierda (mirando de frente al santuario) de un intento de incendio de un activista chino a finales de 2011.

Las estatuas de los animales muertos en combate ⑫
Al norte del recinto, junto al edificio blanco del Museo Yushukan, dedicado a la historia militar del país, el recinto del santuario alberga tres estatuas de animales: un perro, un caballo y una paloma. Dichas estatuas se erigieron para calmar el espíritu de los animales que murieron en las guerras. La estatua del caballo, en el centro, es de 1958. La placa situada bajo la estatua menciona que casi un millón de caballos murieron en combate desde la era Meiji hasta el final de la Guerra del Pacífico. La estatua de la paloma es de 1982, y la del pastor alemán de 1992.
Frente al santuario, justo al lado de las estatuas de los animales, el escenario del teatro Noh es de la era Meiji y fue instalado en el recinto del santuario en 1903. Regularmente se celebran representaciones para entretener a los espíritus. Al parecer este escenario es el más antiguo de la capital.

---

[1] 筑波藤麿, *1905-1978. 5º sacerdote principal del santuario desde 1946.*
[2] 西郷隆盛, *1828-1877. Samurái durante la restauración Meiji que murió en la rebelión de Satsuma. Saigo es la fuente principal de inspiración del personaje de Katsumodo de la película* El último samurái, *ver también el Museo de la Policía (p. 31).*

TAKARAKUJI DREAMKAN

¿Cuánto pesan 100 millones de yenes?

2-5-7 Kyobashi Chuo-ku (東京都中央区京橋2-5-7)
*Cómo llegar: a 2 minutos andando de Kyobashi (京橋), línea Tokyo Metro
Ginza, o a 2 minutos andando de Takaracho (宝町), línea Toei Asakusa
Horario: lunes, martes, jueves y viernes de 10 a 19.30 h; miércoles de 10 a 19
h y sábados de 10 a 18 h. Cerrado domingos y festivos. Si el domingo es festivo,
cierra al día siguiente. Cerrado del 29 de diciembre al 3 de enero. Si el sorteo se
hace un día festivo el centro abre a las 17 h.
Sorteos abiertos al público a las 18.45 h. Aforo: 30 personas
Entrada gratuita*

El Takarakuji Dreamkan (宝くじドリーム館) de Tokio, museo dedicado a la lotería nacional, volvió a abrir sus puertas en 2004 tras
una importante reforma. Expone en una gran sala muy iluminada y bajo
la amable mirada de Ku-chan, la mascota de la lotería, una pequeña serie
de exposiciones relacionadas de cerca o de lejos con el juego. Dardos,
décimos de lotería de diferentes diseños, loterías del resto del mundo
ocupan algunas vitrinas hacia la entrada del centro. También se muestra
el famoso folleto que se entrega a los ganadores de los sorteos superiores
a los 10 millones de yenes: *Sono Hi kara yomu hon* (「その日」から
読む本, *El libro a leer a partir del día J*). También uno puede intentar
levantar el equivalente del peso de 100 millones de yenes en billetes de
10 000 yenes y constatar que 400 millones de yenes, incluso en billetes
de 10 000, ocupan mucho espacio. En resumen, el "sueño" está al alcance de la mano, o casi. El centro, al que el público general puede acceder
gratuitamente, también organiza el sorteo, que se realiza detrás de una gran
cristalera (de vidrio reforzado). Los sorteos suelen celebrarse a las 18.45 h y
están abiertos al público, aunque solo quepan 30 personas.

EN LOS ALREDEDORES
El Museo de la Policía ⑭

En casa de Pipo-kun

El Museo de la Policía (警察博物館), bien vigilado por Pipo-kun, la noble mascota de la policía metropolitana en el 3-5-1 Kyobashi, ofrece, previa petición, a los niños de 3 a 12 años, tanto niños como niñas, la simpática posibilidad de ponerse un uniforme de policía.

Sin embargo, antes de ponérselo, los niños (o los padres) tendrán que responder a algunas preguntas fundamentales: ¿quieren un uniforme estándar o un uniforme de motorista? ¿Y de qué color: rojo o azul? Obviamente facilitan el casco con el que por supuesto uno se puede hacer una foto de recuerdo, sentado sobre una moto de verdad. Los pilotos en ciernes también podrán sentarse en la cabina de un helicóptero policial de los años 50. Las exposiciones de la 2ª y 3ª planta que abordan con más seriedad la historia de la policía en Japón, interesarán sin duda a los más adultos, y tienen muchos menos visitantes que la planta baja, donde están los vehículos (motos y otros) que tanto gustan a los niños. En estas plantas, entre otras, se pueden ver uniformes históricos, sables, una presentación breve de algunos héroes muertos en servicio y una explicación de la función de la policía imperial durante la rebelión de Satsuma. También se expone un escudo que se usó en el incidente del chalé de montaña Asama-Sanso[1], con los impresionantes impactos de bala.

La 4ª planta, con un poco más de gente que la 2ª y 3ª planta, exhibe distintivos y equipamientos estándar de la policía moderna. Se puede probar el simulador de conducción a condición de tener un carné de conducir japonés en vigor.

Toshiyoshi Kawaji, Takamori Saigo y la rebelión de Satsuma

La rebelión de Satsuma (de la que se inspiró libremente la película *El último samurái*), encabezada por Takamori Saigo, es la última y gran rebelión armada de la restauración Meiji. Oriundo de Satsuma, como Saigo, el fundador de la policía moderna, Toshiyoshi Kawaji, subió a Tokio durante la restauración recomendado por el propio Saigo. Tras viajar a Europa, en 1874 fundó un sistema policial inspirándose mucho de lo que observó en Francia. Durante la rebelión, en 1877, Kawaji participó en la lucha contra los amotinados de su tierra de origen, convencida de la necesidad de mantener el orden. Falleció de enfermedad en 1879. Su uniforme y su sable están expuestos en el museo.

---

[1] 浅間山荘事件. *Toma de rehenes del 19 al 28 de febrero de 1972, por un grupo de extrema derecha en un chalé de montaña cerca de Karuizawa (3 muertos) que marcó profundamente la historia de la televisión y del periodismo en Japón. Los acontecimientos del 28 de febrero, retransmitidos en directo, batieron el récord de audiencia.*

EL EDIFICIO OKUNO DE GINZA

Un algo de antiguo edificio parisino

1-9-8 Ginza Chuo-ku (東京都中央区銀座1-9-8)
Cómo llegar: a 5 minutos andando de Ginza-itchome (銀座一丁目), línea Tokyo Metro Yurakucho
Los horarios de apertura varían según las galerías

El edificio Okuno (奥野ビル), terminado en 1932 y situado en las calles traseras de Ginza, es un raro ejemplo de viviendas colectivas de lujo de principios de la era Showa que sigue en pie. Con todo su esplendor de antaño hace revivir con felicidad el Ginza de los años 30 y de la gran época *Mobo-Moga*[1].

Los techos bajos, las escaleras estrechas y las sutiles decoraciones detrás de una fachada cubierta de plantas desprende un ambiente muy especial, reflejo de cierto refinamiento de preguerra. El edificio es obra de Ryoichi Kawamoto[2], también autor del Kudan Kaikan y los ya desaparecidos (y añorados) apartamentos Aoyama Dojunkai de Omotesando, sustituidos por el complejo Omotesando Hills. Cuando el edificio Okuno se inauguró tenía 6 plantas, siendo la última un añadido. Hoy la residencia alberga una serie de galerías de arte bien adaptadas al ambiente. El acceso al edificio es libre y se pueden recorrer las estrechas escaleras y los pasillos un poco oscuros. No se olvide de subir en el ascensor, muy original, con una verja en acordeón amarilla, muy alejado de las puertas asépticas y automatizadas de las *mansiones* modernas. Junto a la entrada a una larga explicación de cómo usar el ascensor. Este, que es automático, puede recordar a algunos ascensores parisinos antiguos. Como añadido al estilo un poco retro, tiene un indicador de agujas en la parte alta.

EN LOS ALREDEDORES
El monumento al antiguo Ginza ⑯

No muy lejos de estos testigos del antiguo Ginza, cerca del 1-11-2 (en dirección a Kyobashi, bajo la autopista urbana), se encuentra otro recuerdo del pasado: una estela hecha de ladrillos blancos recuerda que las calles del barrio eran de ladrillo a finales del siglo XIX (ver también p. 57). Junto

a la estela hay una reproducción de una farola de gas. Unas 85 farolas alumbraban las calles del barrio de ladrillo, usado por sus cualidades ignífugas, y quedan algunas reproducciones de farolas en Ginza (sobre todo justo al lado de la tienda de Apple). La mezcla "ladrillos blancos y farolas" describía perfectamente el Ginza de finales de la era Meiji. El terremoto de 1923 demostró sin embargo los límites de uso de los ladrillos en la construcción. El museo Edo-Tokyo tiene un diorama del Ginza de la época.

Los edificios Yonei y Maruka

A unos minutos andando del edificio Okuno, en 2-8-20 Ginza, el edificio Yonei es otro bello ejemplo de arquitectura occidental de preguerra en Ginza. Quedó terminado en 1930. La fachada de las plantas superiores, que hoy está unida, tenía originalmente azulejos y una decoración de estilo neorromántico. En la planta baja con sus ventanas en arco hay una pastelería de lujo y las plantas superiores las oficinas de la empresa comercial Yonei. El edificio es obra de Matsunosuke Moriyama, autor de numerosas construcciones coloniales niponas en Taiwán, como la Oficina Presidencial de Taipéi. En Ginza, Moriyama[3] también dejó tras él el edifico Maruka, construido en 1929. Situado en el 7-7-1 Ginza, el edificio Maruka tiene mucha personalidad pero impone un poco menos que el Yonei.

---

[1] モボ・モガ, *abreviatura de Modern Boy, Modern Girl, cultura y moda de la juventud que se occidentalizó en los años 20 y 30.*
[2] 川元良一.
[3] 森山松之介, *1869-1949.*

LOS BAÑOS-FARO DEL PARQUE DE TSUKUDA

El "faro" de la desembocadura

1-11-4 Tsukuda Chuo-ku (東京都中央区佃1-11-4)
Cómo llegar: a 10 minutos andando de Tsukishima (月島), línea Tokyo Metro Yurakucho
Abierto las 24 horas

Del lado sur del parque de Tsukuda, junto a un pequeño y precioso jardín japonés, se alza un faro antiguo que no es realmente un faro. El curioso edificio es en realidad un monumento ubicado sobre unos baños públicos que se construyó en honor a un auténtico faro construido en 1866 para los barcos que navegaban en la desembocadura del Sumida, que ya no existe. Este faro es obra del magistrado responsable del campo de trabajo de Ishikawajima (石川島人足寄場 – ver más abajo), situado en los alrededores.

El campo de trabajo de Ishikawajima

A finales del siglo XVIII la gran hambruna de Tenmei arrasó el país a una escala sin precedente. La hambruna dio lugar a un éxodo rural masivo y causó serios problemas de desempleo, una pobreza urbana y una criminalidad galopante. En 1790, siguiendo una idea de Hasegawa Nobutame[1], el shogunato estableció un campo de trabajo en la desembocadura del Sumidagawa, con el objeto de reinsertar a los parados proporcionándoles las competencias y los conocimientos necesarios para encontrar un trabajo. La idea, para aquella época, era revolucionaria. La tendencia hasta entonces era aplicar castigos y el sogunato no dudaba en enviar a los parados a las minas.

---

[1] 長谷川宣以, *1745-1795*. Hatamoto *(samurái al servicio del sogunato), implicado en la lucha contra el crimen en Edo y fuente de inspiración de muchas ficciones históricas, como la serie de novelas adaptada a la televisión* Onihei Hankacho *(鬼平犯科帳).*

EL PUESTO DE VIGILANCIA DE PROXIMIDAD DE NISHI-NAKADORI

⑱

El Koban más antiguo del país

3-4-3 Tsukishima Chuo-ku (東京都中央区月島3-4-3)
Cómo llegar: a 5 minutos andando de Tsukishima (月島), línea Tokyo Metro
Yurakucho, Toei Oedo
Sigue en activo

Con su nombre un poco rebuscado, el puesto de vigilancia de proximidad de Nishi-Nakadori (西仲通地域安全センター) fue hasta 2007 un *Koban*, el más antiguo del país. Instalado en 1921, este *Koban* era de madera y en 1926 fue sustituido por la actual caseta de hormigón armado. La edificación, pintada de rojo oscuro y blanco, mide apenas 5 metros de largo. Situado justo a la entrada de la calle comercial Nishi-Nakadori, el puesto vigila tranquilamente los restaurantes de *monjayaki* que atraen a gran parte de los visitantes a Tsukishima. Transformado en puesto de vigilancia de proximidad en 2007, hoy acoge a "fans de la vigilancia de proximidad" (地域安全サポーター), por lo general policías jubilados, que podrán dar indicaciones de direcciones a los turistas perdidos, dar consejos para hacer frente a los delincuentes y, si es necesario, avisar a la policía.

Algunos restaurantes de *monjayaki* son de los años 50, sin embargo la concentración de restaurantes en Tsukushiima es un fenómeno más bien reciente. El boom del *monjayaki* animado por los medios de comunicación a finales de los 80 y la creación de la Asociación de promoción local a finales de los 90 financiada por la salsa Bull-Dog permitió que el barrio apareciese en los mapas, dándole una falsa apariencia de barrio gastronómico "tradicional". La dinamización del barrio en un sector puntero es visiblemente un éxito: la Nishi-Nakadori sigue estando llena de gente.

EL PILAR DEL PUENTE BASCULANTE DE KACHIDOKI

Un mecanismo impresionante

Dirección del museo: 6-20-11 Tsukiji Chuo-ku (東京都中央区築地6-20-11)
Cómo llegar: a 10 minutos andando de Tsukiji (築地), línea Tokyo Metro Hibiya
Horario (museo): Martes, jueves, viernes y sábados de 9.30 a 16.30 h (de 9 a 16
h en diciembre y enero). Cerrado del 29 de diciembre al 3 de enero
Visitas del interior del pilar del puente: generalmente los jueves salvo los
jueves festivos, en grupos pequeños y únicamente previa reserva (llamando al
03-5381-3380 o yendo a la Tokyo Metropolitan Public Corporation for Road
Improvement and Management)
Entrada gratuita

En el extremo oeste del magnífico puente de Kachidoki (勝鬨橋), junto al histórico mercado de Tsukiji, el Museo del Puente de Kachidoki (かちどき橋の資料館) es un minúsculo edificio, a menudo vacío, que muestra en detalle la historia y la estructura del puente y donde se ven los motores así como el puesto de mando del puente basculante.

También se puede visitar, previa reserva, el interior del pilar del puente, donde se puede ver el sistema de contrapeso y su más que impresionante mecanismo. Cuidado, el interior del pilar no está diseñado para las visitas por lo que el espacio es un poco incómodo.

Construido en los años 1940 en el marco de las grandes obras de la ciudad para celebrar los 2600 años de la entronización de Jimmu y la fundación mítica del país, el puente no ha vuelto a abrirse desde los años 70 y los motores no han vuelto a funcionar desde 1980.

Estas grandes obras han originado unas cuantas redistribuciones y grandes parques en la ciudad, como por ejemplo Mizumoto, Kinuta o Shinozaki.

Un puente para la Exposición Universal de 1940, cancelada por la guerra sino-japonesa

El puente de Kachidoki debía dar acceso al recinto principal de la Exposición Universal de 1940, que también se organizó en el marco de las celebraciones de los 2600 años de la fundación semi-legendaria del país, sobre lo que hoy es Harumi, un terreno ganado al mar.

Al final, la exposición (ver cartel de la derecha) se canceló a causa del conflicto sino-japonés.

EL PASO INFERIOR
DE NISHI-GINZA JR CENTER

El agobiante atajo entre Yurakucho y Shinbashi

1-7 Uchisaiwaicho Chiyoda-ku (東京都千代田区内幸町1-7)
Cómo llegar: a 5 minutos andando de Ginza (銀座), línea Tokyo Metro Ginza,
Tokyo Metro Marunouchi, Tokyo Metro Hibiya

El Nishi-Ginza JR Center (西銀座JRセンター) está resguardado debajo de una parte de las vías del Shinkansen entre Yurakucho y Shinbashi. Unos 400 m de oscuro túnel peatonal atraviesa el paso y permite recorrer sin mojarse una parte del trayecto entre las dos estaciones.

Construido en los años 60, antes de que existiese el Shinkansen, el edificio tiene más de medio siglo de vida y lo aparenta. A pesar de estar en una zona muy céntrica, este túnel, que hace las veces de atajo, está muy poco transitado y desprende un ambiente lúgubre. Llegar a él no es tan fácil si uno no sabe dónde está la entrada, sobre todo del lado de Shinbashi, donde se accede a través de un aparcamiento de techos bajos.

De noche, un restaurante coreano un poco solitario pero auténtico situado hacia la mitad del túnel y uno o dos bares animan un poco el ambiente.

Empresas muy especializadas o vinculadas a JR Central alquilan las pocas oficinas disponibles en este entorno particular, pero gran parte de los espacios parecen desocupados.

Justo al norte del paso inferior, se rehabilitó y reformó una parte de la zona debajo de las vías donde a finales de 2010 se inauguró un *yokocho* (callejón) "a la antigua", Sanchoku Inshokugai (産直飲食街) que agrupa varios *izakayas* especializados. A pesar de su corta historia, la reforma fue bastante sutil para conservar un ambiente muy retro, con cajones en lugar de asientos, baños comunes y un pasillo de lo más estrecho. Ahí donde Nishi-Ginza JR Center agoniza, Sanchoku Inshokugai, unos metros más lejos, desborda de actividad.

EN LOS ALREDEDORES
La puerta francesa de la Escuela Primaria Municipal de Taimei ㉑

Al lado de Sanchoku Inshokugai, la discreta Escuela Primaria Municipal de Taimei situada a apenas unos metros del cruce de Sukiyabashi y de Yurakucho, en el 5-1-13 Ginza, puede jactarse de llevar 140 años en el corazón de uno de los barrios más prestigiosos de la ciudad. Su puerta principal, en la avenida Miyuki-Dori, ha sido apodada "puerta francesa". De acuerdo con la placa junto a la puerta, esta proviene de una casa de una familia aristócrata del sur de Francia.

La escuela se fundó en 1878 y el edificio actual data de 1929, haciendo de Taimei uno de los raros ejemplos de escuela que nació con el plan de reconstrucción de la ciudad tras el gran terremoto de Kanto y que sigue en pie en Tokio (aunque sufriese daños durante la guerra y luego la rehabilitasen). Lamentablemente, la última reforma, de 2014, acabó con la hiedra que cubría los muros. No obstante, la escuela ha conservado toda su sofisticación.

LA ESTATUA DE GODZILLA DE YURAKUCHO

El monstruo vigila discretamente

1-2-2 Yurakucho Chiyoda-ku (東京都千代田区有楽町1-2-2)
Cómo llegar: a 2 minutos andando de Hibiya (日比谷), línea Tokyo Metro Chiyoda, Tokyo Metro Hibiya, Toei Mita

En la plaza exterior del centro comercial Hibiya Center se alza una estatua de Godzilla（ゴジラ像）erigida en 1995 para celebrar los 40 años de la película. Apenas más imponente que Hachiko en Shibuya, este Godzilla está en una esquina un poco discreta y no puede jactarse de servir de punto de referencia para mucha gente. Este pequeño Godzilla, injustamente ignorado por la multitud, está lejos de ser tamaño natural pero es suficientemente amenazante.

A los pies de la estatua de la bestia hay una simple placa con una cita premonitoria, *Kono Gojira ha saigo no ippiki da to omoenai*（このゴジ ラが最後の一匹だとは思えない、*Seguramente este Godzilla no es el último*）. En la misma plaza, a la sombra del monstruo, se ven algunas huellas de las manos y firmas de varias estrellas de cine, principalmente estrellas japonesas de los estudios Toho, aún cuando Tom Cruise y Jackie Chan pasaron por ahí.

EN LOS ALREDEDORES
La piedra rúnica del parque Hibiya ㉓
Runas vikingas para un avión

En pleno corazón del parque de Hibiya, junto al estanque Shinji-ike en la esquina noreste de la explanada de hierba, hay una sorprendente piedra rúnica con inscripciones vikingas. Scandinavian Airlines regaló esta piedra en febrero de 1967 para celebrar los 10 años del inicio de las rutas aeronáuticas polares Europa-Japón. Se trata de una copia.

El 24 de febrero de 1957, un DC-7 despegó de Copenague. Tras hacer escala en Anchorage, el avión llegó a Tokio en tan solo 32 horas. Al mismo tiempo, otro DC-7 realizó el trayecto a la inversa. La apertura de esta nueva ruta polar permitió reducir considerablemente la duración del trayecto entre Europa y Japón que hasta entonces requería unas cincuenta horas. Junto a la runa hay una roca maciza traída de una expedición a la Antártida.

Hay otros regalos diplomáticos en el parque de Hibiya como una reproducción de la Lupa Romana, la loba amamantando a Rómulo y a Remo, regalo de la embajada de Italia en 1938, y una reproducción de la Campana de la Libertad (Liberty Bell), regalo de los Estados Unidos en 1952.

LAS ESTATUAS DE ZORROS DEL TEMPLO TOYOKAWA-INARI

Para ascender en el trabajo...

1-4-7 Moto-Akasaka Minato-ku (東京都港区元赤坂1-4-7)
Cómo llegar: a 5 minutos andando de Akasaka-Mitsuke (赤坂見附), líneas
Tokyo Metro Marunouchi, Tokyo Metro Ginza, ou Nagatacho (永田町), línea
Tokyo Metro Nanboku, Tokyo Metro Hanzomon, Tokyo Metro Yurakucho
Abierto todos los días de 6 a 20 h

A pocos pasos del agitado barrio de Akasaka, el templo budista de Toyokawa-Inari (豊川稲荷東京別院) sorprenderá al visitante por la presencia de muchísimas (y es un eufemismo) estatuas y estatuillas de zorros. Hay por todos partes, son de todos los tamaños y formas, están en todos los rincones. Aquí, una zorra y su pequeño son venerados por quienes desean ser padres. Allí, detrás del templo, una estela octogonal de ofrendas está cubierta, sin sorpresa alguna, de varias estatuillas de zorros y en la que vigilan otro montón de cánidos…

La presencia de esta enorme cantidad de zorros se debe al culto de Dakini, diosa budista protectora del templo, que tradicionalmente cabalgaba a lomos de un zorro blanco. Toyokawa-Inari es la sede tokiota del templo Toyokawa-Inari en la prefectura de Aichi que tiene aún más estatuas de zorros.

Fundado por el gran magistrado de la época Edo, Oooka Tadasuke[1], el templo albergó entre sus paredes una lápida de su fundador, que podría pasar casi desapercibida en medio de los zorros. Ooota, que empezó desde abajo, ascendió socialmente hasta convertirse en uno de los funcionarios más respetados de la ciudad, lo que explica que hoy el templo y los zorros sean una referencia importante para quienes quieren ascender.

Dakini, Inari, budismo y sintoísmo

Diosa, entre otras cosas, de las cosechas y del comercio, Inari (稲荷神) es una divinidad japonesa de origen complejo. Diosa protectora del clan Hata, un poderoso clan que emigró de China a Japón, es venerada en el santuario Fushimi-Inari de Kioto.

Inari suele identificarse con Ukanomitama (宇迦之御魂神), presente en el Kojiki e integrante del panteón sintoísta tradicional japonés. El zorro, que caza a los animales nocivos que destruyen las cosechas, es su animal mensajero.

El sincretismo entre el budismo y el sintoísmo (*Shinbutsu-shugo*, 神仏習合) está perfectamente representado por el acercamiento de Inari y Dakini, que en la época Meiji volvieron a separarse, y por ende de las dos religiones. Ambas diosas han conservado sin embargo la misma simbología.

En la época Meiji, el templo tuvo que demostrar su vínculo con el budismo. La costumbre tuvo la última palabra y el templo conservó su nombre, aumentando así la confusión. Toyokawa-Inari, que venera a Dakini y no a Inari, es un templo budista y no sintoísta.

[1] 大岡忠相, *1677-1752*.

LA ESCALERA DEL MONTE ATAGO ㉕

La montaña natural más alta dentro de la Yamanote

1-5-3 Atago Minato-ku (東京都港区愛宕1-5-3)
Cómo llegar: a 5 minutos de Kamiyacho (神谷町), línea Tokyo Metro Hibiya
Abierto las 24 horas

Aunos pasos de Toranomon Hills, el monte Atago (愛宕山) es oficialmente la montaña natural más alta del interior de la Yamanote. Esta montaña, en la cima de la cual descansa el santuario Atago, culmina a 25,7 m sobre el nivel del mar (a saber, apenas un poco más de una décima parte de Toranomon Hills…).

Una escalera de 86 peldaños de unos 45 grados permite acceder a la cima tras una corta aunque intensa e impresionante subida a pie que casi parece una escalada. Hoy, las vistas desde la cima, unas de las más famosas de la ciudad desde hace 150 años, están tapadas por varios edificios circundantes.

No obstante, hay una foto de Felice Beato[1], tomada desde lo alto de las escaleras unos años antes de la restauración Meiji, que muestra una de las pocas panorámicas de Edo.

Subir las escaleras a pie es un pequeño reto personal, incluso para los deportistas. Como anécdota: solo cuatro jinetes consiguieron llegar a la cima a caballo. El primero de ellos fue Magaki Heikuro[2], del clan Marugame de Sanuki, en 1634, para sorpresa del tercer sogún Tokugawa que había retado a los jinetes a ir a buscar una rama de ciruelo a la cima. La hazaña se repitió en 1882 y 1925. El último de la historia en subir a caballo fue un especialista de televisión en 1982. Hay cuadros de estas hazañas expuestos en el santuario.

Aunque es más alta, Hakone-Yama (ver p.164) es una montaña artificial.

EN LOS ALREDEDORES
El Museo de Radiodifusión de la NHK ㉖
En los orígenes de la tele

La predecesora principal de la NHK, la Tokyo Broadcasting Corporation (famosa por su indicativo de llamada JOAK), emitió radio desde lo alto del monte Atago de julio de 1925 a 1938. En 1956, la NHK abrió en los locales de la JBC el primer museo del mundo dedicado a la radio y a la televisión. El edificio actual es de 1968. El museo, gratuito, es simplemente extraordinario para quienes les interesa la historia de la emisión de radio y televisión. Expone en 4 plantas las primeras cámaras, los primeros sistemas experimentales de TV (funcionales), discos vinilos utilizados durante la guerra, ejemplos de los primeros decorados de estudios, vestuario, etc.

---

[1] *1832-1909, fotógrafo inglés nacido en Italia. Beato se mudó a Yokohama en 1863. Es el autor de unas preciosas fotografías del Japón de finales de la época Edo.*
[2] 曲垣平九郎, ?-?.

LOS ANTIGUOS ANDENES DE OMOTESANDO DE LA LÍNEA GINZA

Una estación que se muda

3-6-12 Kita-Aoyama Minato-ku (東京都港区北青山3-6-12)
Cómo llegar: Omotesando (表参道), líneas Tokyo Metro Ginza, Tokyo Metro Chiyoda, Tokyo Metro Hanzomon
Cerrados al público pero se pueden ver desde los andenes de las líneas Ginza y Hanzomon

Los históricos andenes de Omotesando de la línea Ginza están cerrados al público pero se ven muy bien, o bien desde el extremo de los andenes modernos de Omotesando mirando en dirección a Shibuya, o bien simplemente mirando por la ventana del metro Ginza justo antes de llegar a Omotesando (o justo después, según de donde se venga…).

Los andenes históricos no suelen estar iluminados pero la luz que viene de los andenes que están en funcionamiento es suficiente para distinguir los azulejos de las paredes e incluso algunos paneles informativos. El metro va muy despacio en ese lugar para que los viajeros puedan ver bien lo que queda de los andenes históricos.

La estación de Omotesando de la línea Ginza ha cambiado varias veces de nombre, e incluso de sitio. Abrió la primera vez en 1938 con el nombre de Aoyama Rokuchome y al año siguiente pasó a llamarse Jingumae. En 1972 la estación volvió a cambiar de nombre y se convirtió,

por fin, en Omotesando, con la apertura de la estación de la línea Chiyoda, con la que se puede hacer un transbordo complicado en el que incluso hay que salir a la calle. El último cambio sucedió en 1978, con la apertura de la línea Hanzomon: el acceso a los andenes históricos de la estación de la línea Ginza está definitivamente cerrado al público y los trenes se paran un poco más hacia el noreste, compartiendo los muelles de la línea Hanzomon.

Tokio es una ciudad donde las estaciones realmente se mueven.

LA SALA "PARA TOCAR" DEL MUSEO MUNICIPAL DE HISTORIA DE MINATO

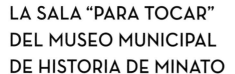

5-28-4 Shiba Minato-ku (東京都港区芝5-28-4)
Cómo llegar: a 2 minutos andando de Mita (三田), líneas Toei Asakusa o Toei Mita, o a 5 minutos andando de Tamachi (田町), línea JR Yamanote
Abierto de 9 a 17 h. Cerrado domingos y festivos (salvo en julio y en agosto). Cerrado el 3er jueves de mes. Si ese jueves es festivo el museo abre pero cierra al día siguiente. Cerrado del 28 de diciembre al 4 de enero
Entrada gratuita

Ubicado en la 4ª planta de la biblioteca municipal del distrito, el Museo Municipal de Historia de Minato (港区立郷土資料館) presenta algunas exposiciones permanentes bastante interesantes sobre la historia de la zona, sobre todo sobre los resultados de las excavaciones arqueológicas en concheros en los que hallaron miles de objetos de todo tipo desde la época Jomon. Sin embargo, la mayor originalidad de este museo es su sala de exposición "para tocar".

Ahí donde la mayoría de los museos del mundo hacen todo lo posible por proteger los objetos expuestos, el museo de Minato anima claramente a los visitantes a recorrer con sus dedos el esqueleto completo de una ballena Minke o cráneos de animales corrientes (perros, gatos, vacas…). El museo permite incluso descubrir con el tacto las cerámicas de las épocas Jomon, Yayoi y Kofun así como algunos objetos más recientes pero que las jóvenes generaciones no dudarán en manipular (máquina de coser con pedales, frigorífico con dispensador de hielos, plancha de carbón, etc.).

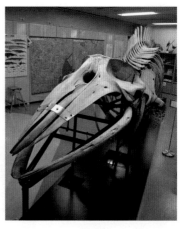

Las excavaciones arqueológicas en los concheros se llevaron a cabo en 1978 en los alrededores del parque de Mitadai situado en el 4-17-28 Mita. El parque tiene algunas exposiciones permanentes sobre las excavaciones y una reproducción de una vivienda-foso prehistórica. Las figuras que sujetan los carteles explicativos son visualmente muy originales.

EL PASO INFERIOR DE TAKANAWA ㉙

La pesadilla de los taxistas

Entre Shibaura Minato-ku y Konan Minato-ku (東京都港区芝浦 ～港区港南)
Cómo llegar: a 5 minutos andando de Sengakuji (泉岳寺), líneas Toei Asakusa y
Keikyu Honsen
Abierto las 24 horas

El paso inferior de Takanawa (高輪中央架道橋), un estrecho túnel de sentido único que pasa por debajo de la Yamanote al norte de la estación de Shinagawa, merece sin duda alguna el apodo de "mata-capillas" (提灯殺し) que le han puesto algunos taxistas de Tokio.

Con una altura anunciada limitada a 1,5 m el túnel, pesadilla de los claustrofóbicos, es demasiado bajo para que no roce el módulo luminoso del techo de algunos taxis privados cuando pasan por debajo, sin hablar de los coches de particulares, a menudo más altos que los taxis. El túnel también tiene una acera bastante estrecha con una altura de techo inferior a 170 cm, los caminantes más altos tienen que agachar la

cabeza para no golpearse. La velocidad de los coches y la altura del techo hace que los 250 metros de túnel sean para los peatones cuando menos impresionantes cuando se cruzan con un coche. Decididamente, cruzar el túnel en bici es toda una aventura.

A pesar de los importantes desarrollos inmobiliarios proyectados en los alrededores con la apertura de una nueva estación en la Yamanote, el paso inferior debería sobrevivir.

> Hoy, la gran mayoría de los coches que se aventuran en el túnel son taxis que conocen bien el túnel y cuyos conductores disfrutan circulando en él a gran velocidad asustando a menudo a sus clientes.

EN LOS ALREDEDORES
La casa Arimasutonbiru

4-15-35 Mita Minato-ku (東京都港区三田4-15-35)
Cómo llegar: a 10 minutos andando de Tamachi, (田町), líneas JR Yamanote y Keihin-Tohoku

A unos metros del campus de Mita de la Universidad de Keio, Oka Kei-suke[1], arquitecto diplomado con mención por el Gobierno, construyó prácticamente él solo la casa de sus sueños en 2005, en un terreno que compró en 2000 cn medio de una colina.

Llamada *Arimasutonbiru* (蟻鱒鳶ル, *El edificio hormiga-trucha-milano*[2], tres animales que representan el cielo, la tierra y el agua y que encontramos en el panel verde en la primera planta), esta casa está en una zona potencialmente sujeta a planes de reordenación urbana. Sin embargo, Oka, apodado el Gaudí de Mita, lucha por terminar su obra.

Aunque su casa está inacabada, y probablemente aún le quedan unos años, se puede constatar que la obra, muy avanzada, es muy prometedora y terminará siendo probablemente un edificio particularmente insólito, que se podría describir como la materialización en hormigón de una pintura cubista en tres plantas.

Lo que ahora podemos admirar es efectivamente bastante sorprendente: los orificios de las ventanas son deliberadamente irregulares, los muros son todo menos planos y lisos y algunos están ricamente decorados. A veces se entrevé por las aberturas un interior hormigonado, bastante original también.

Para los que respetan las leyes, no hay de qué preocuparse: los planos están certificados según las normas, el permiso de construcción es legal y las obras no son el resultado de una obra sin control de un excéntrico iluminado, sino el camino hacia el sueño de una persona poco convencional.

---

[1] 岡啓輔, 1965-.
[2] *Adicionalmente, un juego de palabras ya que* Arimasu *significa existente.*

LA PUERTA DEL COLEGIO SEISHIN ㉛ JOSHI GAKUIN

El único ejemplo arquitectónico de art nouveau alemán en Tokio

4-11-1 Shirokane Minato-ku (東京都港区白金4-11-1)
Cómo llegar: a 10 minutos andando de Shirokanedai (白金台), líneas Tokyo Metro Nanboku, Toei Mita

Construida en 1909, la puerta principal del colegio Seishin Joshi Gakuin (聖心女学院) es el único ejemplo arquitectónico de *art nouveau* alemán (*Jugendstil*) en Tokio. De hecho, es un vestigio del campus original, destruido en el terremoto de 1923, obra perdida del arquitecto checo Jan Letzel[1].

Al principio la puerta, que era de ladrillo, estaba ubicada unos metros más lejos, en lo alto de la colina, y en 1935 la movieron de sitio y la sustituyeron por una puerta más resistente de hormigón. Destacan especialmente los cuidados relieves de tortugas (de significado misterioso) en los laterales de la puerta, símbolo del Sagrado Corazón. Sin embargo, los batientes de madera tienen una apariencia mucho más japonesa, la mezcla de ambos estilos confiere a la puerta su personalidad.

Cabe destacar que el edificio principal del colegio del campus, construido en 1928, es obra de Antonin Reimann. No se puede visitar.

Jan Jetzel también es el arquitecto del Palacio de Exposiciones Industriales de Hiroshima, construido en 1915, y hoy tristemente conocido como la Cúpula de la Bomba Atómica de Hiroshima.

Antonin Reimann: un pionero de la arquitectura modernista japonesa

Nacido en Bohemia en 1888, Antonin Reimann (Antonin Raymond) es considerado uno de los padres de la arquitectura modernista japonesa e influenció a grandes arquitectos tales como Tange Kenzo (ver p. 225). En 1919 fue a Japón como asistente de Frank Lloyd Wright[2] en el proyecto del hotel Imperial, fundó su primer estudio en 1922 y ganó reputación con su trabajo en Tonjo. En los años 20 y 30, participó en numerosos proyectos (como la Universidad de Seishin) donde el cemento ocupa un lugar destacado. En 1938 dejó Japón donde volvió en 1947 para participar en el esfuerzo de reconstrucción del país con múltiples obras por todo el país en los años 50 y 70, como la iglesia de San Albano en el distrito de Minato y el Raymond Hall en la prefectura de Mie. Falleció en 1976, pero el estudio Raymond Architectural Design Office sigue abierto.

[1] *1880-1925.*
[2] *1867-1959. Arquitecto americano.*

LOS VESTIGIOS DE LAS BATERÍAS DE CAÑONES DE ODAIBA ㉜

Los restos de las defensas de Edo

Dirección de la Batería nº 3: 1-10-1 Daiba Minato-ku (東京都港区台場1-10-1)
Cómo llegar: a 10 minutos andando de Odaiba-Kaihin-Koen (お台場海浜公園), línea Yurikamome

La llegada de los barcos de Perry en 1853 para pedir la apertura del país tuvo un efecto inmediato en la ciudad. El sogunato, inquieto por los riesgos de ataque a Edo por mar, ordenó de inmediato que se construyeran 11 baterías de cañones hexagonales y pentagonales en la bahía y otra en las orillas, dos meses después de la llegada de los barcos negros. Solo ocho quedaron parcial o totalmente terminadas en apenas unos meses. La expansión de la ciudad hasta la bahía llegó hasta cuatro de las ocho baterías por lo que hubo que destruirlas para permitir la navegación. Quedan pues los vestigios de cuatro baterías, más o menos integradas en la ciudad, que han dado su nombre a la conocida isla artificial de Odaiba (お台場, *Odaiba*, batería).

Se puede acceder fácilmente a la estructura de la Batería nº 3 (第三台場), la más conocida, desde la punta de Odaiba. En 1928 rehabilitaron el lugar construyendo el parque Daiba. En él se puede ver un crisol y los vestigios de un polvorín. Los cañones expuestos en el parque son reproducciones.

La Batería nº 6 (第六台場) es la que está en mejor estado y se puede ver muy bien en las aguas de la bahía a unos 300 m de la Batería nº 3: es "la isla misterio" al lado del Rainbow Bridge. Lamentablemente el público general no puede acceder a ella. Se distingue claramente el atraque desde el puente.

Quedan algunos restos de la Batería nº 4 (第四台場) que quedó inacabada. La estructura era originalmente una isla y quedó integrada en el terreno ganado al mar de Tennozu. El paseo recorre la orilla del Daiichi Hotel Tokyo reutilizando los muros de piedra.

La batería de Goten-Miyashita (御殿山下台場) estaba junto a la desembocadura del Megurogawa, cerca del *shukuba* de Shinagawa (ver p. 61). Hoy, la llamada Escuela Primaria Municipal de Daiba (品川区立台場小学校, Escuela Primaria Municipal de Shinagawa de la Batería) ocupa el espacio donde estuvo la batería. La silueta de la batería se distingue bien en un mapa y una reproducción del faro que presidía la Batería nº 2 se alza hoy delante de la escuela.

Ota / Shinagawa / Meguro

MEGURO SKY GARDEN

Jardines colgantes

1-9-2 Ohashi Meguro-ku (東京都目黒区大橋1-9-2)
Cómo llegar: a 3 minutos andando de Ikejiri Ohashi (池尻大橋), línea Tokyu Den-En-Toshi
Abierto todos los días de 7 a 21 h

Al norte de Sangenjaya, la línea 3 de la autopista urbana conecta con la autopista periférica central, aquí subterránea, a la altura del impresionante intercambiador de Ohashi, situado justo al lado de la estación de Ikejiri Ohashi. Debido a la escasez de espacio, la autopista urbana se hunde en las entrañas de la ciudad para juntarse con la autopista central mediante una espiral de cuatro niveles. La estructura que protege esta espiral alberga en su tejado el sorprendente Meguro Sky Garden (目黒天空庭園), inaugurado en marzo de 2013, un parque aéreo muy agradable con una franja de vegetación de 400 m de largo, inclinada y curva, que sigue la pendiente de la espiral. Su parte más baja está a 11 m por encima del nivel de la calle, y el más alto a 35 m, convirtiéndolo en uno de los pocos parques a los que solo se accede por ascensor.

La entrada del ascensor en el nivel inferior está cerca de Correos, en la carretera 246. Desde lo alto de los jardines colgantes, el horizonte está bastante despejado y ofrece unas buenas vistas de Tokio desde un ángulo original. Un edificio enorme, la Cross Air Tower, forma parte de la misma estructura que recubre la intersección de las dos autopistas, y el jardín tiene salida a la calle a través del vestíbulo de la 9ª planta.

EL MONUMENTO DE LADRILLOS BLANCOS DE TOGOSHI-GINZA ②

La primera Ginza fuera de Chuo

2-17-10 Hiratsuka Shinagawa-ku (東京都品川区平塚2-17-10)
Cómo llegar: a 5 minutos andando de Togoshi-Ginza (戸越銀座), línea Tokyu Ikegami, o a 5 minutos andando de Togoshi (戸越), línea Toei Asakusa

En las entrañas de Shinagawa, la calle peatonal comercial de Togoshi-Ginza (戸越銀座), que en realidad está formada por tres calles diferentes, es, con sus 1300 m, la más larga de la capital.

Se llama Ginza, como el famoso barrio del distrito de Chuo, y no es casualidad. Tras el terremoto de 1923, los comerciantes de Togoshi, cuyos caracteres (戸越) se leían *Togoe* en aquella época recuperaron los ladrillos

blancos que sobraron de la reconstrucción del barrio de Ginza, muy dañado por el terremoto, para pavimentar su propia calle que inauguraron en 1927. No muy lejos de la estación, cerca del 2-17-10 Hiratsuka, una estela titulada *Togoshi to Ginza Yukari no Hi* (戸越と銀座 ゆかりの碑, Estela de la conexión entre Ginza y Togoshi) corona dos ladrillos de época protegidos con un vidrio para recordar el origen del barrio. Estos ladrillos, que rezan en *romaji* "SHINAGAWA", proceden de una fábrica de ladrillos fundada en 1875 que se convirtió en la fábrica de ladrillos de Shinagawa en 1887.

EN LOS ALREDEDORES
PALM ③
La galería comercial más larga de la ciudad
Lejos de las tiendas de moda y de las joyerías del distrito de Chuo, Togoshi-Ginza cuenta con pequeños comercios de proximidad y con restaurantes más familiares en edificios bajos. Togoshi se presenta también como uno de los centros del *korokke* de la capital. Cerca, la galería comercial de Musashi-Koyama (alias PALM) es la más larga de la ciudad.

LAS 305 ESTATUAS DEL TEMPLO GOHYAKU RAKANJI ④

Las 300 estatuas del templo de las 500 estatuas

3-20-11 Shimomeguro Meguro-ku (東京都目黒区下目黒3-20-11)
Cómo llegar: a 10 minutos andando de Fudomae (不動前), línea Tokyu Meguro
Abierto todos los días de 9 a 17 h

Del medio millar de estatuillas fabricadas a finales del siglo XVII por el monje escultor Shoun Genkei[1], el templo Gohyaku Rakanji (五百羅漢寺, El templo de los 500 *rakans*) sigue teniendo exactamente 305 estatuas de madera, de las cuales 287 *rakans* sentados. Al principio, el templo y sus estatuas estaban en el antiguo distrito de Honjo, en Ojima, en el actual distrito de Koto. El templo tuvo su época de bonanza durante el sogunato, apareciendo por ejemplo en los *ukiyo-e* de Utagawa o de Hokusai, pero también tuvo su declive cayendo poco a poco en desuso en la época Meiji. A finales de 1908 se trasladó a su emplazamiento actual y quedó prácticamente abandonado hasta que Okoi, la

geisha que se convirtió en monja (ver más abajo), llegó al templo. Los edificios actuales datan de los años 1980. Las estatuas de *rakan* están expuestas en el *rakando* (羅漢堂) y el *hondo*. El monje Shoun, inspirado en las estatuillas de piedra de rakan del templo Rakanji en Honyabakei, en la actual prefectura de Oita, creó sus propias estatuillas a los 44 años de edad cuando llegó a Edo. Todas las estatuas, de apenas un metro de altura, varían según sus posturas y sus expresiones creando esta sorprendente colección muy poco visitada.

Okoi

Okoi (お鯉), cuyo verdadero nombre era Ando Teruko (安藤照子), nació en Yotsuya en 1880. A los 14 años de edad descubrió el mundo de las flores y los sauces cuando se convirtió en geisha de la *kagai* de Shinbashi. Tras un breve matrimonio fallido con un actor de *kabuki* (teatro japonés), regresó a Shinbashi. Famosa por su belleza y su inteligencia, Okoi se relacionó con los políticos más importantes de la época Meiji. Yamagata Aritomo (ver p. 226) la presentó a Katsura Taro[2], quien, impresionado por su fuerte carácter, hizo de ella su concubina. Tras algunos problemas con la ley, se convirtió en monja y en sacerdotisa del templo Rakanji en 1938. Falleció en 1948. El recinto del templo alberga una estatua de Kannon en su honor, justo al lado del *hondo*.

---

[1] 松雲元慶, *1648-1710*
[2] 桂太郎, *1848-1913, general de la armada imperial en la restauración, gobernador general de Taiwán, tres veces primer ministro a principios del siglo XX y ocupó varios cargos ministeriales.*

LA BALLENA DEL SANTUARIO DE KAGATA

Una ballena enterrada debajo de un santuario

1-7-17 Higashi-Shinagawa Shinagawa-ku (東京都品川区東品川1-7-17)
Cómo llegar: a 5 minutos andando de Kita-Shinagawa (北品川), línea Keikyu Honsen
Abierto las 24 horas

Delante del santuario de Kagata (利田神社), dedicado a la diosa Benzaiten, sorprende ver la pequeña estatua de un cetáceo que parece estar clavada en la acera y un columpio infantil con forma de ballena. Ambos recuerdan que los restos de una ballena están enterrados en una pequeña tumba al lado del santuario. En 1798, una ballena de 18 metros de largo se perdió dentro de la bahía de Edo. Los pescadores locales acabaron capturándola obligándola a vararse. Los vecinos de los alrededores quedaron conmocionados, fascinados por un animal que no habían visto nunca. El rumor de la existencia de la ballena invadió todo Edo llegando incluso a oídos del 11º sogún, Tokugawa Ienari[1], que pidió verla. Una barca arrastró el cadáver varios kilómetros a Hamarikyu con el fin de satisfacer la petición de Ienari. Al final descuartizaron la ballena y enterraron gran parte de sus huesos en el santuario de Kagata.

> ### Shinagawaura: la antigua desembocadura del Megurogawa
>
> Justo al lado del santuario hay una pequeña extensión de agua que se adentra un poco en las tierras. Es el antiguo puerto pesquero de Shinagawaura (品川浦), situado en el mismo lugar donde estuvo la antigua desembocadura del río Megurogawa antes de que modificaran su curso antes de la guerra.

EN LOS ALREDEDORES
Shinagawa-shuku   ⑥
Los vestigios del sur de Edo

En la época Edo Shinagawaura y el santuario de Kagata se ubicaban cerca de las orillas de la bahía. Estaban al lado del *shukuba* (ver p. 155) de Shinagawa, que en aquella época era el verdadero centro financiero de Shinagawa, más que los alrededores de la moderna estación homónima.

Aunque la estación de Shinagawa, históricamente la primera estación que abrió en Japón, en 1872, también esté situada no en Shinagawa sino en el distrito de Minato es una de esas pequeñas curiosidades geográficas que todo el mundo conoce. Muchos son los que ignoran la razón. El *shukuba* de Shinagawa-shuku fue la primera parada en la carretera de Tokaido a Kioto en la época Edo. Los conflictos de intereses con los comerciantes del *shukuba* en la época Meiji movieron un poco al norte la construcción de la estación de trenes que iba a prestar servicio al *shukuba*. A lo largo de los años, las consolidaciones administrativas acabaron poniendo la estación fuera del distrito de Shinagawa y el *shukuba* perdió importancia rápidamente, por estar irónicamente demasiado lejos de la estación de trenes. Shinagawa-shuku se extendía desde la estación de Kita-Shinagawa hasta la avenida 421 y los alrededores de la estación de Aoba-Yokocho. De la puerta de la capital solo queda una calle comercial, ciertamente animada, pero que está muy lejos de ser un centro importante de intercambios. Quedan algunas estelas que indican la ubicación de los sitios históricos y al menos se respira cierto ambiente de un pasado glorioso aunque lejano. El centro del *shukuba*, el *honjin*, se situaba en el parque Seiseki en el 2-7-21 Kita-Shinagawa. Cerca de la estación de Kita-Shinagawa, en la entrada del *shukuba*, al lado del puente de Yotsuyamabashi donde Godzilla pisó tierra en la película de 1954, una asociación sin ánimo de lucro ha abierto un pequeño centro turístico e histórico para aficionados en el 1-2-6 Kita-Shinagawa dedicado a la fascinante historia del *shukuba*. El centro abre de 10 a 16 h los fines de semana y festivos. En él se puede conseguir un montón de información sobre el barrio así como mapas detallados de los lugares principales. A veces hay guías anglófonos presentes.

¹ 徳川家斉, *1773-1841, según de 1787 a 1837.*

EL *TORII* DEL TOYOKAWA-INARI DE JIYUGAOKA

⑦

Un torii sin santuario

1-29 Jiyugaoka Meguro-ku (東京都目黒区自由が丘 1-29)
Cómo llegar: a 5 minutos andando de Jiyugaoka (自由が丘), líneas Tokyu
Toyoko, Tokyu Oimachi
Abierto las 24 horas

Justo al norte de la plaza de la estación de Jiyugaoka, un *torii* rojo aislado con la inscripción *Toyokawa-Inari Daimyojin* (豊川稲荷大明神) se alza misteriosamente en medio de una estrecha calle peatonal.

Su presencia es muy sorprendente porque no hay ningún santuario cerca. Además, la calle no está muy concurrida, y no tiene *sando*.

El Toyokawa-Inari de Jiyugaoka es efectivamente un *bunrei* del Toyokawa-Inari de Akasaka (ver p. 42).

Se trata pues de los vestigios de un lugar religioso en la frontera entre el budismo y el sintoísmo: en 2008 quitaron un *hokora* sintoísta cuando demolieron un edificio de los alrededores dejando solo este *torii*, encajado en la calle.

A mediados de los años 30, cuando la ciudad echaba raíces alrededor de Jiyugaoka, "invitaron" al templo a instalarse aquí para garantizar el éxito comercial de los pequeños negocios y tiendas que iban abriendo.

Hasta 1958, todos los 1, 11 y 21 de mes un mercado con casi 150 puestos, protegido por el Toyokawa-Inari, animaba los alrededores de la estación.

EN LOS ALREDEDORES

El pueblo de la marina ⑧

Casas de oficiales de los años 20

A principios de los años 20, el propietario de las tierras sobre las que hoy se asienta el barrio de Okuzawa firmó un contrato con el Ministerio de la Marina y habilitó la zona para acoger a oficiales de alto rango dado que el barrio estaba muy bien situado entre el Ministerio y el puerto militar de Yokosuka.

En los años 30, ya había unas 30 casas de oficiales que se establecieron aquí, en residencias chic con jardines llenos de palmeras. De esta época quedan tres preciosas casas -habitadas y no visitables, pero visibles desde la calle- en el bloque 2-33 Okuzawa -en el 2, 15 y 16-, a unos 500 m al este de la estación de Jiyugaoka, en Setagaya.

Un canal veneciano en Tokio ⑨

Desde mediados de los años 1970, el río Kuhonbutsugawa, afluente del Tamagawa, discurre al sureste de Jiyugaoka, enterrado bajo el pavimento del pasillo verde Kuhonbutsugawa Ryokudo.

Un buen fotógrafo podrá probablemente engañar los ojos distraídos del transeúnte y hacerle creer que, por un momento, está en París, Roma o Nueva York, en algún lugar, sentado en un banco de una calle pavimentada, saboreando un *café crème*. Del otro lado de la estación, hacia el 2-8-3 Jiyugaoka, hay una pequeña reproducción de un canal veneciano en el centro comercial La Vita.

EL PASO INFERIOR
DE SENZOKU-IKE

Escondido bajo los raíles

2-30 Kami-Ikedai Ota-ku (東京都大田区上池台2-30)
Cómo llegar: a 2 minutos andando de Senzoku-Ike (洗足池), línea Tokyu
Ikegami • Abierto las 24 horas

Justo al lado del aparcamiento que bordea el Mos Burger, en la salida norte de la estación de Senzoku-Ike, enfrente de la avenida Naka-hara-Kaido, un paso inferior, y no un túnel realmente, permite que los peatones pasen por debajo de las vías de la línea de tren Tokyu-Ikegami. El paso es extremadamente bajo, hasta tal punto que un adulto tiene que agacharse prácticamente y es imposible pasar con una bici. El paso está justo debajo de las vías, cuando los trenes pasan se puede tener unas vistas impresionantes, casi aterradoras, en primer plano de los vagones que pasan por encima. Levantando apenas la mano se pueden tocar las traviesas aunque esto no sea obviamente una muy buena idea.

EN LOS ALREDEDORES
Los cerezos de Tokodai ⑪
Cerezos en la universidad

Desde Senzoku-ike y su estanque se puede llegar en unos minutos al campus principal del Instituto Tecnológico de Tokyo (東京工業大学), alias Tokodai, situado en Oookayama. Cabe recordar que Oookayama se escribe con tres "oes" cuando está bien romanizado. Situado en sus inicios en el distrito de Taito, el instituto se trasladó aquí en 1924 después

de que el campus quedase seriamente dañado en el terremoto de 1923. El edificio central (本館, *Honkan*) terminado en 1934 sobrevivió a la guerra. En primavera unos preciosos cerezos florecen en el campus, delante de este edificio, un lugar imperdible para cualquiera que le guste los cerezos en flor sin las densas multitudes del centro. De hecho, el campus abre sus puertas al público durante el Hanami para que todos puedan disfrutar de las flores, sin embargo, está prohibido beber alcohol.

LOS VESTIGIOS DEL CAMPO DE EJECUCIÓN DE SUZUGAMORI

Decapitaciones al sur de la ciudad

2-5-6 Minami-Oi Shinagawa-ku (東京都品川区南大井2-5-6)
Cómo llegar: a 10 minutos andando de Omori-Kaigan (大森海岸),
línea Keikyu

El campo de ejecución de Suzugamori (鈴ヶ森刑場), otro gran campo de ejecución de Edo junto con el de Kozukappara (ver p. 270), también vio rodar muchas cabezas. Aunque no existe ningún registro detallado, se habrían llevado a cabo de 100 000 a 200 000 ejecuciones el tiempo que estuvo abierto entre 1651 y 1871. El campo de ejecución estaba en la entrada sur de la ciudad, en la vía Tokaido, antes de llegar al *shukuba* de Shinagawa (ver p. 61). Actuaba como aviso para cualquiera que pensase en cometer un crimen en la capital. Una vez más se puede comprender aquí la cantidad de terreno que la ciudad ganó al mar dado que, en la época, el lugar estaba justo al lado del mar. Hoy, el campo es una zona verde olvidada y tranquila al borde de la carretera Daiichi Keihin, suplente de la Tokaido. Sin embargo, quedan varios vestigios interesantes de los distintos métodos de ejecución en medio de los árboles.

Se puede ver por ejemplo el soporte de una hoguera así como una base para las cruces de crucifixión (con las piernas abiertas). Un cajón, hoy protegido con una reja, servía para lavar las cabezas de los decapitados. De hecho, hay otras lápidas y lugares de ofrendas para las muertes más naturales. Varias personas famosas vivieron sus últimos momentos en Suzugamori, como Marubashi Chuya[1], *ronin* instigador de la rebelión de Keian[2] de quien se dice fue el primero en haber muerto en Suzugamori en 1651, el bandido Hirai Gonpachi[3], representado por varios *Ukiyo-e* y ejecutado en 1679, o Yaoya Oshichi[4], que intentó incendiar Edo por amor. Oshichi ha sido fuente de inspiración de numerosas ficciones y murió en la hoguera a los 16 años de edad, sin embargo, se cuestiona su existencia histórica.

Cabe mencionar una visita el Museo de Criminología de la Universidad Meiji (ver p. 16) para tener presente los diferentes métodos de ejecución, muy lejos de ser rápidos e indoloros.

---

[1] 丸橋忠弥, ?-1651.

[2] 慶安の変, *intento fallido de golpe de Estado contra el sogunato en 1651 por un grupo de ronins, muy revelador de un problema subyacente sobre la ocupación de los guerreros en un Edo pacífico, y que llevará al sogunato a promover unas reformas para favorecer su empleo.*

[3] 平井権八, *1655-1679.*

[4] 八百屋お七, *1668-1683.*

EL PARQUE DE AVES SILVESTRES DEL PUERTO DE TOKIO ⑬

Un santuario natural al borde de la pista

3-1 Tokai Ota-ku (東京都大田区東海3-1)
Cómo llegar: a 25 minutos andando de Ryutsu Center (物流センター), línea
Monorail, o a 5 minutos andando de la parada de bus Tokyoko Yachokoen
(東京港野鳥公園), línea Keikyu 森43, saliendo de JR Omori
Abre todos los días, salvo los lunes, de 9 a 17 h, de febrero a octubre, y de 9 a
16.30 h de noviembre a enero. Si el lunes es festivo el parque abre pero cierra al
día siguiente. Cerrado por vacaciones en fin de año

No muy lejos de las pistas de aterrizaje del aeropuerto de Haneda, el Parque de Aves Silvestres del Puerto de Tokio (東京港野鳥公園) es un remanso de paz improbable aunque apacible en la bahía para nuestros amigos de plumas. Dado que no se puede llegar en transporte público no es raro encontrarse prácticamente solo aquí, incluso el fin de semana, para observar las decenas de especies de aves silvestres que vienen en bandada a encontrar un refugio en sus ciénagas, rodeados del ruido de los motores de los aviones al despegar.

El parque de 25 hectáreas se construyó tras terminar el terreno ganado al mar sobre el que descansa. Distintas especies de aves empezaron a llegar, atraídas por les extensiones de agua naturales, a los nuevos descampados cuando el terreno ganado al mar estaba aún en plena construcción. Después el parque ha ido ganando fama progresivamente entre los aficionados a la ornitología.

El Ayuntamiento de Tokio creó el parque en 1978, lo amplió en 1989, y ahora es uno de los nueve santuarios de aves silvestres del país, gestionados directamente por la *Wild Bird Society of Japan*.

Los visitantes solo pueden caminar por unos caminos marcados por cuatro zonas de avistamiento situadas en altura y provistas de telescopios para los que no tienen sus propios prismáticos. A los pies del Centro de la Naturaleza, un pequeño espacio de exposiciones situado en el lado este, se ha acondicionado un recorrido exterior para descubrir los cangrejos y otros animales pequeños que viven en las ciénagas. En su conjunto, el parque es un ejemplo logrado de un pequeño trozo de ciudad totalmente entregado a la naturaleza que se lo ha apropiado eficazmente, una especie de regalo de disculpa por parte de Tokio por todas las molestias ocasionadas…

EL MERCADO DE FLORES
DEL MERCADO DE OTA

Subastas que huelen bien

2-2 Tokai Ota-ku (東京都大田区東海2-2)
Cómo llegar: a 15 minutos andando de Ryutsu Center (流通センター),
línea Monorail
Se permiten visitas de 5 a 15 h. Domingos cerrado
Subastas a las 7 h en la sección de flores, cierra ocasionalmente

El mercado de Ota tiene una sección de flores (大田市場花き部) que se extiende sobre dos hectáreas en una gran nave rematada por una estatua de flores que está separada del resto de las naves por la Línea Wangan de la autopista urbana. Este mercado de flores no es tan grande como el de Aalsmer en los Países Bajos, pero las subastas matinales, las más importantes del país, tienen el mérito de celebrarse a una hora casi razonable con respecto a las subastas de Tsukiji (a partir de las 7 de la mañana, que ya es decir). El espectáculo merece realmente una visita.

Se venden unos 3 millones de flores a diario en este mercado, a saber, una cuarta parte de las flores que se venden en Japón. Los visitantes pueden ver las subastas a través de unas ventanas pequeñas, sin molestar (solo pueden participar los profesionales acreditados). Los compradores, varias decenas, están sentados en un gran anfiteatro que no desluciría en una universidad. Cada comprador ofrece sus precios en unos terminales electrónicos especializados. Al contrario que muchas subastas de productos frescos, los precios en las subastas de flores del mercado de Ota van bajando: el precio de los productos presentados en la zona inferior del anfiteatro se muestra en unos grandes contadores centrales. El precio va bajando hasta que un comprador acepta y se lleva el lote.

Ota: un mercado grande y fácil de visitar

El mercado de Ota (el más grande de la ciudad después del de Toyosu) se puede visitar sin problemas: en las naves generales el recorrido guiado está señalizado en el suelo, acompañado de paneles explicativos en los puntos de interés.

El recorrido sigue por una plataforma elevada sobre las naves para evitar interferir con las operaciones del mercado mientras se disfruta de la agitación y de las vistas despejadas del monte Fuji y de los pequeños mascarones de proa que simbolizan los productos vendidos. El punto de partida de la visita está casi escondido en la segunda planta del edificio de oficinas, lado sur.

En las naves principales, las subastas de pescado se celebran a las 5.40 h y las de frutas y verduras a las 6.50 h.

Los productos que cada mayorista obtiene en las subastas se venden luego en las naves a otros intermediarios y distribuidores.

El público general no puede comprar directamente productos frescos en las naves generales, sin embargo pueden hacerlo en las tiendas de la Nave Anexa (関連棟) situadas entre la nave de frutas y verduras y la nave de pescado.

EL MUSEO DEL ALGA DE OMORI

Las mejores algas provenían de la bahía

2-2 Heiwanomori-Koen Ota-ku (東京都大田区平和の森公園2-2)
Cómo llegar: a 10 minutos andando de Heiwajima (平和島), línea Keikyu Honsen
Horarios: de 9 a 17 h de septiembre a mayo y de 9 a 19 h de junio a agosto. Abre todos los días excepto el tercer lunes de mes. Si el tercer lunes de mes es festivo el museo abre pero cierra el siguiente primer día no festivo. Cerrado del 29 de diciembre al 3 de enero

El Omori Nori Museum (大森海苔のふるさと館), gratuito y relativamente poco visitado, está en el parque Heiwa no Mori. Dedicado al cultivo de las algas recuerda la historia de lo que fue la industria principal de las cercanas costas.

Las costas de Ota eran famosas desde la época Edo por la calidad de sus algas, incluso después de la guerra, antes de que la construcción de los terrenos ganados al mar a principios de los años 60 obligara a las granjas a cerrar. De hecho, en la época, buena parte del aeropuerto de Haneda se construyó sobre estanques de cultivo.

Dos barcos con los que se cosechaban algas están expuestos en la planta baja del museo. En la segunda planta se exhiben una serie de herramientas especializadas así como numerosas fotos de época y carteles que explican los métodos empleados.

Durante la visita no hay que perderse la posibilidad de probarse unas *getas* de pescador, a saber, sandalias con una base elevada que los recolectores lastraban con piedras para caminar en el lodo. Se puede subir al tejado que ofrece unas vistas correctas de la agradable playa del parque Omori Furusato no Hamabe Koen y todo el ambiente familiar en verano.

Para los gourmets a los que se les abre el apetito tras visitar el museo, la industria del alga no ha desaparecido del todo (aunque su cultivo ya no sea local) y quedan varios vendedores al por mayor y al por menor en los alrededores. También hay varias tiendas especializadas en las calles cercanas a la avenida Sangyo-dori y al este de la estación de Heiwajima.

EL PUENTE MÓVIL GIRATORIO DE HANEDA

Una carretera en el vacío

Se puede ver desde las orillas del 5-2 Omori-Minami Ota-ku
(東京都大森南5-2)
Cómo llegar: a 25 minutos andando de Amamori-Inari (穴守稲荷)*,*
línea Keihin-Kyuko Kuko
Abierto las 24 horas

Al sur del parque de Morigasaki, el pequeño camino peatonal que bordea la desembocadura del río Nomigawa al sur del Primer Colegio de Omori ofrece unas vistas perfectas del puente móvil giratorio de Haneda (羽田可動橋). Se inauguró en 1994 y está bloqueado en la po-

sición de apertura desde 1998. Se construyó para aliviar los atascos dentro del túnel paralelo teniendo en cuenta las limitaciones de la altura (está cerca de un aeropuerto) y para permitir la navegación fluvial. Este ingenioso puente de autopista móvil de dos pivotes solo giró durante 4 años ya que la apertura progresiva de la línea Wangan de la autopista urbana descargó lo suficiente la autopista nº 1 y ya no hacía falta ninguna circunvalación…

El parque de Morigasaki: un parque construido sobre el tejado de un centro de reciclaje de residuos

Al norte de la desembocadura del Nomigawa, en una antigua zona termal ocupada por algunos *ryokans* antes de la guerra, el Parque de Morigasaki (森ヶ崎公園) no recibe muchos visitantes, ni siquiera en fin de semana. Esto es una "zona blanca" de Tokio, bastante mal comunicada en tren. La estación más cercana, Anamori-inari, está a más de 20 minutos andando. El parque está construido sobre el tejado de la zona este del Centro de Reciclaje de Morigasaki. La mitad oeste del centro está en la isla artificial de Showajima. Este centro, el más grande del país, se construyó sobre una piscifactoría y se inauguró en 1967. El parque está rodeado de tanques de precipitación al aire libre del centro de reciclaje y tiene pistas de tenis, áreas de juegos para niños y observatorios de las pistas de Haneda que ofrecen unas magníficas vistas de los aviones. El olor de las aguas residuales tratadas en el centro es lo bastante discreto como para no molestar a los escasos paseantes que vienen hasta aquí.

EN LOS ALREDEDORES
El Jizo del templo Hojoin ⑰
Memorias de una catástrofe de la preguerra

Una discreta estatua de *Jizo*, situada en el jardín del pequeño templo de Hojoin, en el 5-1-18 Oomaria-minami, está dedicada a una de las catástrofes aéreas más graves de la preguerra en Japón. En la mañana del 24 de agosto de 1938, un Fokker de transporte de carga y un aeroplano Hanriot chocaron encima del barrio. El Fokker se estrelló sobre una fábrica (hoy cerca de la Cuarta Escuela de Primaria de Omori), el aeroplano sobre una casa unifamiliar, cerca del mar. Solo había 5 personas a bordo de los aviones pero el depósito de gasolina del Fokker explotó en el suelo y 85 personas murieron en el incendio.

PIO

Un centro industrial, pero turístico

1-20-20 Minami Kamata Ota-ku (東京都大田区南蒲田1-20-20)
Cómo llegar: a 2 minutos andando de Keikyu-Kamata (京急鎌田), línea
Keikyu Honsen o Keikyu Kuko
Horario: de 9 a 17 h de lunes a viernes. Sábados de 10 a 17 h. Cerrado
domingos, festivos y del 29 de diciembre al 3 de enero

El primer destino para evaluar la importancia industrial del distrito de Ota es el muy futurista Centro de Información Turística e Industrial de Ota, alias PiO (大田区産業プラザ・PiO), un complejo con

salas de reuniones y espacios expositivos para uso de los múltiples micro-talleres del distrito situado a 100 m al sur de la estación de Keikyu Kamata.

El pequeño centro de información para los visitantes está en la primera planta. Tienen mapas con el listado de los talleres y las microfábricas abiertas al público general e informaciones varias sobre el tejido industrial tan particular del barrio. El centro también tiene una cafetería y un restaurante.

El bobsleigh de Shitamachi

La organización de promoción industrial de Ota (大田区産業振興協会), situada dentro de PiO, parece esforzarse en proteger el patrimonio industrial y artesanal de Ota. El proyecto reciente Shitamachi Bobsleigh, iniciado en 2011, tiene por objeto desarrollar un bobsleigh *made in Ota*, un objetivo ambicioso sabiendo que el deporte es casi inexistente en Japón. Unas cuarenta y pocas microfábricas alrededor de PiO han participado en la construcción del primer modelo. En marzo de 2013, el trineo participó en la America's Cup Bobsled en Lake Placid en Estados Unidos y acabó 7º de 11, convirtiéndose en el primer bobsleigh japonés de la historia en participar en una competición internacional. El sueño no acaba aquí, el equipo jamaicano, otro novato en este deporte, va a utilizar el bobsleigh de Shitamachi en los Juegos Olímpicos de Pyeongchang de 2018.

Ota o la desindustrialización urbana

El distrito de Ota aspira a ser el pináculo de la industria de precisión nipona, la tierra santa del *monozukuri*. Sin Ota, no hay cohetes, se dice. Sin Ota, nada de lectores DVD.

Los primeros ratones de Microsoft en los años 80 vendrían incluso de Ota…

El distrito concentra tal cantidad de pequeñas fábricas y talleres industriales de menos de 10 empleados que haría palidecer de envidia a Adachi, aunque el número va bajando cada año. Más de la mitad emplea menos de 3 personas. Hoy, quedan unos 4 000 talleres, menos del doble que en su época dorada, los años 80.

El término desindustrialización evoca a menudo unas enormes fábricas de la periferia que cesan de repente su actividad para desgracia de los miles de obreros que trabajan en ellas, llevando al caos a la zona donde están situadas.

La desindustrialización de Ota es más sutil y más lenta: aunque miles de empleos han desaparecido con el cierre de los pequeños talleres, el distrito no está especialmente devastado por el desempleo o la pobreza, aunque Den-En-Chofu puede subir ligeramente la media.

La especialidad local es la metalurgia, que ocupa el 80 % de los talleres y de las fábricas que fabrican y ensamblan piezas de precisión (a menudo una sola, de hecho) para venderlas a los grandes fabricantes. El aumento de la competencia extranjera necesita que estos talleres apuesten por la calidad, la proximidad y la flexibilidad, y por existencias que pueden adaptarse a recorridos de 10 minutos en bicicleta. Por supuesto es imposible vender más barato, fabricando en un entorno urbano.

El corazón del tejido industrial de Ota está al sur y al este de Kamata, en las callejuelas de los distintos barrios de Kojiya, Haneda, Omori y Rokugo, al norte y al sur de los últimos kilómetros antes de llegar a la desembocadura del Nomigawa.

Ahí, los talleres conviven alegremente con casitas que envejecen y pequeños apartamentos. En las carreteras importantes, las casas grandes empiezan a ocupar espacio. La desindustrialización de Ota es esto: una pequeña fábrica local desaparece en beneficio del resto de la ciudad.

Unos carteles en los escaparates de los talleres más ruidosos invitan a los vecinos a ser comprensivos para lograr una convivencia pacífica. Bulliciosas durante la semana, las calles de los talleres están desiertas los fines de semana pero cuando los talleres están cerrados las licencias de actividad colgadas en el exterior ayudan a localizar los edificios en los que se encuentran.

Setagaya / Suginami / Nakano

EL MONUMENTO DE BRONCE DE GUNDAM

En honor al RX-78

3-32-1 Kami-Igusa Suginami-ku (東京都杉並区上井草3-32-1)
Cómo llegar: Kami-Igusa (上井草), línea Seibu-Shinjuku

La enorme estatua de Gundam RX-78[1] en Odaiba es lógicamente lo que más atrae a los turistas. Para información de los puristas y los fans la estatua está en Kami-Igusa. Construido en marzo de 2008, el monumento de bronce de 3 metros de alto dedicado a Gundam preside la salida sur de la estación sobre un pequeño pedestal que se añadió más tarde para recoger las monedas que los fans tiran a modo de ofrenda.

La estatua, de nombre *Daichi kara* (大地から, *Desde la tierra*, una referencia al título del primer episodio de la serie, *Gundam Daichi ni tatsu*, ガンダム大地に立つ, *Gundam se levanta*), simplemente levanta el brazo hacia el cielo.

El tema musical de Gundam hasta en la megafonía de la estación

La línea Seibu-Shinjuku entra desde el oeste en el distrito de Suginami hacia la estación de Kami-Igusa. Estamos en un Chuo suburbano de segunda categoría, en medio de cuatro barrios residenciales bajos, cerca de una estación poco concurrida. Kami-Igusa tiene sin embargo cierta fama en el mundo de los amantes de los grandes robots. De hecho, el estudio de animación Sunrise, creador de *Gundam*, tiene su sede en el 2-44-10 Kami-Igusa (los estudios no se pueden visitar) en un edificio bastante discreto en plena calle comercial del sur de la estación.

Aparte de Sunrise, desde los años 70 varios estudios han abierto por la zona de la estación y el barrio está intentando sacarle partido y posicionarse como la tierra sagrada e histórica de los dibujos animados, hasta el punto de sustituir el sonido de aviso de salida de los trenes por el tema musical de *Gundam*.

La silueta del robot está por todo el barrio, desde las banderas de la calle comercial hasta las persianas de algunas tiendas.

[1] *Robot gigante de la serie de culto de dibujos animados de ciencia ficción Gundam.*

LOS EDIFICIOS FILOSÓFICOS DEL TETSUGAKUDO KOEN

Un parque dedicado íntegramente a la filosofía

1-34-28 Matsugaoka Nakano-ku (東京都中野区松が丘1-34-28)
Cómo llegar: a 15 minutos andando de Arai-Yakushimae (新井薬師前), línea Seibu-Shinjuku
Horario: de 8 a 18 h de abril a septiembre y de 9 a 17 h de octubre a marzo. Cerrado del 29 al 31 de diciembre

El parque de Tetsugakudo Koen (哲学堂公園, Parque del pabellón de la filosofía), que nació de una simpática y descabellada idea de Inoue Enryo[1], abrió en 1904 a orillas del río Myoshojigawa, a 15 minutos a pie de Numabukuro. Dedicado íntegramente a la filosofía, el parque es un lugar apartado y desconocido que nos invita a reflexionar.

Con una superficie de algo más de 5 hectáreas, el parque tiene como humilde objetivo "representar toda la filosofía", a través de una colección de edificios, estatuas y objetos diseminados en un precioso parque urbano, del cual una parte data de principios del siglo XX.

Los edificios principales se concentran alrededor de la colina Jikugo (時空岡), que simboliza "el espacio-tiempo filosófico", retomando la termi-

nología oficial. El pequeño santuario Shiseido (四聖堂, Santuario de los 4 santos), en el centro del parque, está dedicado a Confucio, Sócrates, Kant y Buda. No se puede visitar. Al lado, la preciosa torre Rokukendai (六賢台, Pabellón de los seis sabios) está dedicada a seis filósofos orientales: el Príncipe Shotoku, Sugawara no Michizane, los chinos Zhuangzi y Zhu Xi y los indios Nagarjuna y Kapilamaharsi. El pequeño almacén Mujinzo (無尽蔵) expone los objetos que Inoue recopiló en sus viajes. El pensador también construyó una biblioteca, la Zattaijo (絶対城). Más lejos, una estatua del príncipe Shotoku se alza dentro de Uchukan (宇宙館, El palacio del universo), un edificio de madera construido para recordar que la filosofía busca estudiar la verdad del universo. El parque está salpicado de otras esculturas y objetos que no son siempre fáciles de interpretar, incluso con los pocos paneles explicativos que hay. La guinda del pastel de este conjunto tan misterioso es el pequeño jardín de la filosofía, en la frontera sur del parque. El jardín alberga estatuas de Nandor Wagner[2] instaladas en 2009 alrededor de tres anillos que representan a distintos pensadores y figuras religiosas. El primer anillo de estatuas incluye a Jesús, a Buda, a Lao-Tse, a Abraham y al faraón Akenatón. Dichas estatuas están situadas justo encima del enorme tanque de desbordamiento del muy caprichoso río Myoshojigawa.

[1] 井上円了, *1858-1919.*
[2] *1922-1997, artista y escultor húngaro.*

LA PUERTA DE LA ANTIGUA PRISIÓN DE NAKANO

Un raro ejemplo de edificio de ladrillo de principios del siglo XX

3-37-3 Arai Nakano-ku (東京都中野区新井3-37-3)
Cómo llegar: a 10 minutos andando de Numabukuro (沼袋), línea Seibu-Shinjuku
Acceso prohibido al público pero se ve fácilmente desde la reja

El centro de formación de Tokio del personal de establecimientos penitenciarios está justo al sur del parque Heiwa no Mori. El recinto tiene un edificio independiente muy elegante de ladrillo rojo que destaca del resto. Se trata de la antigua puerta principal de la prisión de Nakano (旧中野刑務所正門), sucesora de la prisión de Toyotama. Construida a principios del siglo XX, la prisión ha albergado, entre otros, a prisioneros políticos.

Esta puerta, única reliquia del establecimiento penitenciario, es del mismo año que el edificio (1915), lo que hace que sea uno de los raros ejemplos de estructura de ladrillo de antes del terremoto de 1923 que sigue en pie en la ciudad. El ángulo de visión desde la calle corresponde a la parte trasera de la puerta, desde lo que fue el interior del recinto.

Esta puerta ha visto pasar durante la guerra a muchos autores y activistas, como el anarquista Osugi Sakae[1] en 1919, o Toda Josei[2]. Al

terminar la guerra, las fuerzas ocupantes convirtieron la prisión en una prisión militar donde encarcelaron a los G. I. antes de repatriarlos a Estados Unidos. Ya bajo control japonés en 1957 pasó a ser la Prisión de Nakano e implementaron programas de reinserción.

Sin embargo, en enero de 1961 dos prisioneros escaparon tras matar a un guardia pero al día siguiente volvieron a cogerles.

Durante su construcción, la prisión estaba en una zona muy poco poblada que Tokio fue ocupando después de la guerra. En 1983 la prisión cerró por la presión de los, cada vez más numerosos, habitantes de la zona.

El parque Heiwa no Mori abrió en 1985 donde estuvo la antigua prisión. Muy bien acondicionado, tiene varios estanques en el lado norte y une reproducción (en cemento) de una casa de la época Yayoi, tras descubrir objetos de época en las excavaciones arqueológicas realizadas después de la destrucción de la prisión. Una sala de exposiciones sencilla y de acceso gratuito, que se visita en muy poco tiempo, cuenta la historia del distrito durante la guerra y los bombardeos. En verano, una pequeña piscina abre gratuitamente para los más jóvenes.

EN LOS ALREDEDORES
La residencia de Nakano Broadway (4)
Residencia desconocida encima de las tiendas

Nakano Broadway, famosa principalmente por sus tiendas especializadas, fue uno de los primeros complejos de uso mixto, un Roppongi Hill de los años 60. Un detalle que desconocen los visitantes apasionados de los mangas es que las plantas superiores albergan una residencia donde han vivido algunas celebridades. El tejado tiene incluso una piscina y un jardín privado. La mansión tiene casi medio siglo de vida, está bien cuidada y bien situada, lo que justifica los alquileres tan elevados para una construcción de esa edad. No obstante, los gustos arquitectónicos han evolucionado. Nakano Broadway ha entrado en la historia, al igual que los viejos *danchis* de posguerra, versión lujo. Lamentablemente no se puede entrar en el edificio sin la invitación de un residente o la autorización de un agente inmobiliario. Hay que conformarse con verlo desde fuera. La entrada reservada a los residentes está en el centro comercial, al lado de un punto de información.

[1] 大杉栄, *1885-1923. Ensayista, anarquista, traductor y activista.*
[2] 戸田城聖, *1900-1958. Educador y editor, uno de los fundadores del movimiento budista Soka Gakkai.*

LAS ESTATUILLAS DE PEARL CENTER ⑤

Las venerables protectoras de la galería comercial

Hacia 1-34 Asagaya-Minami Suginami-ku (東京都杉並区阿佐ヶ谷南1-34)
Cómo llegar: a 10 minutos andando de Asagaya (阿佐ヶ谷), línea JR Chuo

En medio de la galería comercial de Pearl Center (阿佐谷パールセ ンター), dos estatuillas muy antiguas y desconocidas, una de *Jizo* y la otra de Shomen-Kongo, están discretamente colocadas al lado de una floristería, enfrente de un café, hacia el 1-34 Asagaya-Minami.

Como así lo demuestran las ofrendas florales, estas dos estatuillas, que colocaron aquí a finales del siglo XVII para proteger una ruta de peregrinación que ahora ocupa la galería, están muy bien cuidadas. Pearl Center estaba en la antigua ruta Gongen-michi en la época Kamakura, que comunicaba, el templo Enkoin (situado en Nukui, en el distrito de Nerima), al norte, con el de Myohoji, al sur, en el 3-Horinouchi.

El festival de Tanabata de Asagaya (阿佐ヶ谷七夕祭り), que se celebra en la galería Pearl Center en torno al 7 de julio, es una tradición más bien reciente dado que empezó en 1954. La galería aspira a ser la calle comercial peatonal más antigua de la metrópolis de Tokio. Cerró al tráfico en 1952.

EN LOS ALREDEDORES

Asagaya Anime Street ⑥
Un nuevo centro de la cultura anime

Desde finales de marzo de 2014 la Asagaya Anime Street (阿佐ヶ谷 アニメストリート) ocupa una parte del espacio situado debajo de la línea Chuo. Una buena docena de tiendas, un minimuseo, e incluso una (minúscula) escuela de diseño comparten unos espacios estrechos y rehabilitados, todos relacionados de cerca o de lejos con los *animes*, los mangas, los videojuegos y, de una manera más general, con la cultura pop japonesa. En esta calle uno puede escanearse a sí mismo para crear su propio avatar o imprimir su propia estatuilla en 3D (lógicamente indispensable). Hay tiendas de *cosplay* y a veces se ven algunos visitantes disfrazados pasear por ellas. Hay lugares donde se puede picar algo o tomar un café. La Anime Street sigue buscando su personalidad, y ese ambiente de aficionado pero apasionado es atractivo. Aunque las tiendas tienen un leve estilo experimental y todavía buscan tener su propio público, parece que tienen todos los ingredientes para crear un nuevo lugar de moda de la cultura *anime* al oeste de la ciudad para rivalizar con Nakano.

EL *IRORI* DEL MUSEO DE HISTORIA DE SUGINAMI

Una salida al calor para los fríos días de invierno

1-20-8 Omiya Suginami-ku (東京都杉並区大宮1-20-8)
Cómo llegar: a 15 minutos andando de Nagafukucho (永福町), línea Keio Inokashira
Abierto de 9.30 a 17 h. Cerrado lunes y el 3ᵉʳ miércoles de mes, si ese día es festivo el museo abre pero cierra al día siguiente. Cerrado del 28 de diciembre al 4 de enero
Entrada: 100 JPY
El fuego del irori se enciende los sábados, domingos y festivos

Cerca del río Zenpukujigawa, el Museo de Historia de Suginami (杉並区立郷土博物館) detalla la historia del distrito a través de varias exposiciones sencillas. Aunque el museo no es enorme, uno pasa una hora agradable, en la calma, descubriendo el pasado de uno de los distritos más residenciales de la capital.

Dato de interés de este museo: el recinto tiene una casa de finales del siglo XVIII que en la época estuvo situada a unos 5 km al noroeste. En 1973 la desmantelaron y la trajeron aquí.

Los sábados, domingos y festivos encienden el fuego del *irori* de la casa para recibir a los pocos visitantes que llegan a principios de la tarde, lo que hace que sea una visita perfecta para los fríos días de invierno.

LOS SALONES DE ORACIÓN SAGRADOS DE RISSHO-KOSEIKAI

Impresionantes variaciones arquitectónicas del budismo moderno

2 Wada Suginami-ku (東京都杉並区和田2)
Cómo llegar: Nakano Fujimicho (中野富士見町) u Honancho (方南町), línea Tokyo Metro Marunouchi

En medio de los edificios y de las casas de Suginami del sur de Koenji, en el 2-11-1 Wada, se alza un monumental edificio circular rodeado de ocho torreones rematados por una punta de 15 metros. Construido en 1964 y reformado en 2006, el Salón de Oración Sagrado de Rissho-Koseikai (立正佼成会大聖堂), cubierto por el tejado de una pagoda que se ilumina por las noches, está protegido por cuatro leones que hacen las veces de guardianes. El amplio espacio interior del salón es accesible al público pero está prohibido hacer fotos. Justo detras del salón de oración sagrado está Horin-Kaku (法輪閣) y su precioso jardín japonés

moderno con otra pagoda circular (一乗宝塔). Casi tan imponente como el salón de oración sagrado pero más sencillo por fuera, el salón de oración Fumon (普門館) en el 2-6-1 Wada, un salón multifuncional para eventos, también es obra de Rissho-Koseikai. Hasta 2013 albergaba el All-Japan Bran Competition, un concurso nacional de orquestas escolares de armonía, antes de que una inspección elaborase un informe con serias dudas sobre la resistencia del techo a los terremotos.

Rissho-Koseikai

Rissho-Koseikai, movimiento budista de los años 1930 nacido de la escisión de la Reiyukai (霊友会), es uno de los "nuevos movimientos" religiosos budistas más importantes del país. Cuenta con algo más de 3 millones de miembros, aunque la cifra ha bajado considerablemente desde los 6,5 millones de récord de los años 90. El movimiento ejerce una fuerte influencia (a saber, un control total) en algunos edificios del centro de Suginami. El colegio e instituto Kosei enfrente del salón de oración Fumon también es territorio de Rissho-Kosekai.

LOS EDIFICIOS LA PORTA IZUMI NO MON Y MIND WAA

Dos obras oníricas de Von Jour Caux

1-4-8 y 2-27-27 Izumi Suginami-ku (東京都杉並区和泉1-4-8 / 2-27-27)
Cómo llegar: de 5 a 10 minutos andando de Daitabashi (代田橋), línea Keio
Visibles las 24 horas. Acceso prohibido a la parte residencial para los no
residentes

Las dos viviendas colectivas *La Porta Izumi no Mon* en el 1-4-8 Izumi y *Mind Waa* en el 2-27-27 son construcciones de finales del siglo XX de Von Jour Caux y ejemplos casi vecinos de otra de las excentricidades del arquitecto. Como el resto de sus obras, la arquitectura es poco discreta. Los mosaicos de distintos diseños y los colores abundan entre protuberancias decorativas de formas variadas. Las fachadas de *La Porta* albergan algunas esculturas originales. Entre otras, en la entrada principal destaca un cuerpo grande con curvas femeninas rodeado de vidrieras mientras que un Pegaso da la sensación de alzar el vuelo desde el tejado. La estatuilla de un animal amenazador vigila el acceso a las viviendas y hay unas vidrieras de colores que dejan pasar una luz multicolor en el espacio que hace las veces de vestíbulo. El acceso al resto del edificio está reservado a los residentes pero la apariencia externa ya es bastante llamativa. *Mind Waa*, a unos bloques de ahí, da la sensación de ser un poco menos curvo, más rectilíneo. La fachada está cubierta de decoraciones cuadradas multicolores en relieve. En general, visualmente, las pocas partes visibles no reservadas a los residentes están muy recargadas. La planta baja alberga una tienda de conveniencia a la que por supuesto se puede entrar y en cuyo interior, que es de lo más normal, uno puede descansar unos minutos antes de volver a afrontar todas las extravagancias de la fachada.

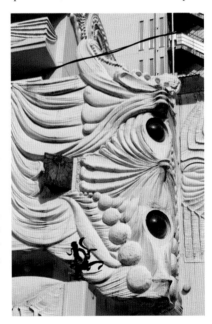

Para más información sobre Von Jour Caux y sus distintas obras en Tokio, ver siguiente página doble.

Von Jour Caux, el Gaudí japonés

Apodado "arquitecto herético" y "Gaudí de Japón" por algunas de sus obras muy atrevidas, Von Jour Caux (梵寿綱), cuyo nombre verdadero era Toshiro Tanaka nació en 1934 en Asakusa. Tras estudiar en Waseda y en la School of the Art Institute de Chicago, empezó una carrera de arquitectura muy convencional, antes de adoptar un

Edificio y fecha de finalización	Dirección
エステエスペランザ Est!!! Esperanza 1976	東京都港区西麻布2-17-14 2-7-14 Nishi-Azabu Minato-ku
秘羅禧：ルボア平喜 Hiraki: Le Bois Hiraki 1977	京都板橋区高島平1-76-14 1-76-14 Takashimadaira Itabashi-ku
斐醴祈：ルボア平喜南池袋 Hiraki: Le Bois Hiraki Minami Ikebukuro, 1979	東京都豊島区南池袋2-29-16 2-29-16 Minami-Ikebukuro Toshima-ku
Waseda El Dorado 1984	東京都新宿区早稲田鶴巻町 517 517 Waseda Tsurumakicho Shinjuku-ku
Petit Etang 1987	東京都豊島区池袋3-51-5 3-51-5 Ikebukuro Toshima-ku
La Porta：和泉の門 La Porta Izumi no Mon 1989	東京都杉並区和泉1-4-8 1-4-8 Izumi Suginami-ku
Royal Vessel：輝く器 Royal Vessel Kagayaku utsuwa, 1990	東京都豊島区南池袋2-31-3 2-31-3 Minami-Ikebukuro Toshima-ku
舞都和亜 Mind Waa, 1992	東京都杉並区和泉2-27-27 2-27-27 Izumi Suginami-ku

seudónimo y de fundar en 1974 "Von Jour Caux y su *troupe*" (梵寿綱と仲間), rompiendo en ese momento con el conformismo.

Waseda El Dorado es sin duda la obra que más acabada tiene en Tokio, pero hay otros edificios que merecen el desvío por el toque fantasioso que aportan a la ciudad.

Descripción y particularidad
Comercios y oficinas, con preciosa vidriera de colores en fachada.
Viviendas colectivas, entrada decorada con vidrieras de colores, fachada adornada con esculturas.
Oficinas del mayorista de bebidas alcohólicas Hiraki. Además de las barandillas y de la fachada delicadamente decorada, destacan las dos esferas negras que parecen vigilar a los transeúntes.
Viviendas colectivas.
Viviendas colectivas (estudios), impresionante entrada esculpida.
Viviendas colectivas. Destaca la enorme estatua incrustada de cuerpo de mujer.
Pequeño edificio comercial y de oficinas.
Viviendas colectivas. Una parte de la planta baja alberga una tienda de conveniencia.

LA ANTIGUA RESIDENCIA DE TOKUTOMI ROKA

La residencia sencilla y sobria de un gran escritor

1-20 Kasuya Setagaya-ku (東京都世田谷区粕谷1-20)
Cómo llegar: a 15 minutos andando de Roka-Koen (芦花公園), línea Keio
Abierto de 9 a 16 h. Cerrado del 29 de diciembre al 3 de enero
Entrada gratuita

Dentro del parque de los jardines de Roka-Koshunen (蘆花恒春園), la última casa del escritor y filósofo Tokutomi Roka fue donada a la ciudad por su viuda en los años 30 y los jardines llevan su nombre en su honor.

Oculta entre los árboles, la pequeña casa de principios del siglo XX fue restaurada en los años 80 conservando toda su autenticidad. De un estilo extremadamente sobrio y de una sencillez extraordinaria, la casa es testigo de la transición y de la rápida occidentalización del país a principios de los años 90. La residencia se compone de tres edificios separados entre sí por unos metros. La casa principal (母屋, *moya*), con tejado de paja, tiene baños occidentales, una rareza a principios del siglo XX. También tiene una bañera a la antigua en *goemonburo*. El primer edificio anexo, *baikashooku* (梅花書屋, Estudio de las flores de ciruelo*)* es de 1909 y debe su nombre a una caligrafía horizontal (sigue visible) realizada por Samejima Hakkaku[1].

El segundo anexo, *Shusuishoin* (秋水書院, Estudio de Shusui), data

de 1911. Shusui Kotoku[2] fue ejecutado el día que se celebró el ritual de inicio de las obras. Tokutomi, que intentó buscar clemencia para lo que consideró ser un caso de flagrante error judicial, le dedicó el edificio (secretamente, al principio). A unos pasos al este de la pequeña casa, está la tumba del escritor y de su esposa.

El parque también alberga un centro de exposiciones y centro conmemorativo de acceso gratuito, dedicado al autor. Abierto en los años 50, expone algunos objetos y fotos del autor, incluida una carta de León Tolstói.

Tokutomi Roka

Nacido Tokutomi Kenjiro en 1868, en la era Meiji, en Kumamoto, Tokutomi Roka publicó entre 1898 y 1899 en forma de novela *El Cuco* (不如帰, *Hototogisu*, incluso si el propio Tokutomi a veces lo leía *Fujoki*), que fue un éxito inmediato. Tokutomi se interesó por Tolstói y le visitó en 1906. En 1907 se mudó a Kasuya, en lo que entonces era campo, en su última casa. En 1912 publicó *Palabras insensatas de un gusano* (みみずのたはこと, *Mimizu no Tawakoto*), que refleja su vida en su nueva casa de campo. Falleció en 1927, justo después de reconciliarse con su hermano, el archiconocido periodista Tokutomi Shoho[3], al que veía desviarse políticamente demasiado a la derecha.

LAS DOS CASAS DEL PARQUE DE SOSHIGAYA

En el corazón del misterio del asesinato de Setagaya

3-22-19 Kami-Soshigaya Setagaya-ku (東京都世田谷区上祖師谷3-22-19)
Cómo llegar: a 20 minutos andando de Senkawa (仙川), línea Keio o a 5
minutos andando de la parada de bus Komadai-Grand Mae
(駒大グランド前), líneas 歳20, 歳21, 成02 , 成06 saliendo de Seijo-
Gakuenmae (成城学園前), línea Keio.

A poco más de un kilómetro al sur de la vía férrea de la línea Keio, tras una buena caminata entre pabellones o a unos minutos en bus, se llega al lugar donde el río Senkawa cruza el pequeño parque de Soshigaya (祖師谷公園). Aproximadamente en medio del parque, en la orilla del río, hay dos casas unifamiliares que parecen estar solas en plena vegetación. Curiosamente, suelen estar vigiladas por la policía y la parte trasera de las casas está tapada con una lona para ocultarlas de la vista de los niños que juegan en el parque. La casa más pegada al río fue la escena de uno de los sucesos más mediatizados de Japón y uno de los últimos misterios criminales del siglo XX: en la noche del 30 al 31 de diciembre de 2000, toda la familia (4 personas) fue asesinada por un agresor que, a tenor de los indicios que dejó (restos de comida en la nevera, uso de internet, etc.) pasó casi medio día en la escena de su crimen viviendo en ella sin duda "con toda normalidad", sin que se haya aclarado nunca el motivo. La madre del padre de familia, que vivía en la casa de al lado (la otra casa vigilada), descubrió los cadáveres la mañana del 31. Varias decenas de miles de policías participaron en la investigación

para intentar encontrar al culpable. Dada la envergadura de los medios utilizados, el extraño comportamiento del asesino, y la emoción generada por ser el último día del año del siglo XX, el asesinato de la familia de Setagaya marcó durante mucho tiempo a los ciudadanos. Las dos casas no eran las únicas que había en el parque en el momento de los hechos, pero los demás vecinos decidieron mudarse tras aquel macabro suceso. Sus casas fueron derruidas y ya solo quedan estas dos. Ligeramente en altura, ambas casas se vuelven bastante lúgubres al caer la noche.

LOS *MANEKI-NEKO* DEL TEMPLO DE GOTOKUJI ⑫

Un posible origen del maneki-neko en un encantador templo del oeste de la ciudad

2-24-7 Gotokuji Setagaya-ku (東京都世田谷区豪徳寺2-24-7)
Cómo llegar: Miyanosaka (宮の坂), línea Setagaya
Abierto todos los días de 9 a 16.30 h

Al parecer fue en el templo de Gotokuji (豪徳寺), cerca de la estación de Miyanosaka, donde nació el *maneki-neko*, hecho en el que compite con el santuario Imado cerca de Asakusa (ver p. 264) que reivindica también la paternidad del gato de la buena suerte, según otra leyenda.

Es aquí donde Ii Naotaka[1], *daimio* de Hikone, quien se marchó a practicar la cetrería, se habría librado de una tormenta refugiándose en el templo donde había un gato, y se habría hecho amigo del sacerdote del templo mientras esperaba a que la lluvia cesase. Tras este encuentro, el templo se convirtió en el *Bodaiji* de los señores de Ii Naotaka.

Gato o no, el templo es un precioso lugar escondido en el oeste de la ciudad. El recinto del templo alberga (además de múltiples estatuillas de gatos) una magnífica pagoda, aunque no es la original.

Los amantes de la historia podrán además visitar las tumbas de los señores Ii, situadas detrás del recinto de uno de los templos más encantadores del oeste de la ciudad.

[1] 井伊直孝, 1590-1659, segundo señor de Hikone, 25º señor Ii e hijo de Ii Naomasa, uno de los principales generales de Tokugawa Ieyasu.

EL ULTRAMAN
DE SOSHIGAYA-OKURA

El origen de los tokusatsu

1-8 Soshigaya-Okura Setagaya-ku (東京都世田谷区祖師谷大蔵1-8)
Cómo llegar: delante de la estación de Soshigaya-Okura (代田橋),
línea Odakyu • Visible las 24 horas

El auténtico Ultraman pesa 35 000 toneladas y mide 40 m (es lo que hace falta para proteger con eficacia la tierra de los ataques extraterrestres desde su primera aparición en TV en 1966).

La estatua de dimensiones casi humanas que vigila la salida norte de la estación de Soshigaya-Okura es pues un Ultraman de un tamaño muy reducido.

En consonancia con las numerosas asociaciones comerciales de barrio un poco alejadas del centro y poco frecuentadas que se apropian de los personajes de cultura popular para intentar atraer a algunos fans, las asociaciones de los alrededores de Soshigaya-Okura se fusionaron en 2005 y colocaron esta estatua en la plaza de la estación en 2006.

La antigua sede de los estudios que crearon Ultraman, Tsuburaya Productions, estaba por esta misma zona; hoy está al lado de Shibuya.

EN LOS ALREDEDORES
Otros rastros de Ultraman ⑭

La estatua de la estación no es el único rastro de Ultraman en el barrio: subiendo la calle comercial hacia el norte, a algo más de un kilómetro, cerca del 6-19 Soshigaya, hay un Ultraman volando; al oeste, cerca del 3-21 Soshigaya hay una estatua de Zoffy y una de Ultraman Jack al sur, cerca del 8-1 Kinta. Soshigaya-Okura está bien protegido, todo está en orden.

EL BUDA GIRATORIO DE OKURA

Buddha high-tech

5-12-3 Okura Setagaya-ku (東京都世田谷区大蔵5-12-3)
Cómo llegar: a 15 minutos andando de Seijogakuen-mae (成城学園前),
línea Odakyu
Abierto todos los días de 9 a 18 h. La estatua gira sobre las 9 h y las 17 h

Aorillas del río Senkawa, en el 5-12-3 Okura, se encuentra el recinto del templo Myohoji, de la secta budista Nichiren. Al final de las tumbas, del lado del río, hay un cementerio de animales de compañía, junto al cual preside el Gran Buda de Okura（おおくら大仏）. Esta estatua de bronce de 8 m de alto, y de 8 toneladas, es un sorprendente y desconocido Buda *high-tech*, erigido en 1994 durante las celebraciones budistas del equinoccio de otoño (秋のお彼岸, o-*Higan*).

Fijado a una piedra giratoria, el Buda bondadoso cambia de orientación todos los días. A partir de las 9 h, mira hacia el sur, al cementerio, a los devotos y al templo. Por la tarde, hacia las 17 h, la estatua gira y mira hacia la avenida Setagaya-dori, protegiendo el tráfico y a los niños que vuelven del colegio. El eje de la estatua, bastante lento, es sorprendentemente silencioso.

Si el templo está cerrado, no hace falta entrar al recinto para ver la estatua, se ve desde el río y desde el *danchi* de Okura.

EN LOS ALREDEDORES
La estatua de Godzilla de la entrada ⑯
de los Estudios Toho
Delante de los 7 samuráis

Al sur de la línea Odakyu, las instalaciones de los gigantescos Estudios Toho (東宝スタジオ), de los más grandes del país, ocupan ambas orillas del Senkawa, en el 1-4-1 Seijo. Estos estudios han traído a Godzilla a los cinéfilos así como las obras maestras de Kurosawa. Íntegramente reformados en los años 2000, los estudios no se pueden visitar lamentablemente y uno tendrá que consolarse con la estatua muy lograda de Godzilla situada en la entrada principal delante de una "foto-fresco"

de los siete samuráis. La cola del monstruo parece haberse incrustado violentamente en el pequeño muro.

Unos metros antes de la estatua, el enorme retrato de Godzilla decora desde mayo de 2014 una fachada en la entrada de los estudios. Aunque los estudios no se puedan visitar, está el paseo que bordea las orillas del río salpicadas de cerezos e iluminadas de noche cuando los cerezos han florecido, al que se puede acceder cualquier día del año.

EL MUSEO DE ALIMENTACIÓN Y AGRICULTURA

Centenares de pollos disecados

2-4-28 Kami-Yoga Setagaya-ku (東京都世田谷区上用賀2-4-28)
Cómo llegar: a 20 minutos andando de Yoga (用賀), línea Tokyu Den-En-Toshi, o parada de bus Nodaimae (農大前), línea Tokyu 園02 o Tokyu 用01 saliendo de Yoga
Horarios: de 10 a 17 h (de abril a noviembre) y 10 a 16.30 h (de diciembre a marzo). Lunes cerrado. Si el lunes es festivo, el museo abre pero cierra al día siguiente. Cerrado el 4º martes de mes. Cierres prolongados en agosto y en las fiestas de final de año
Entrada gratuita

El Museo de Alimentación y Agricultura (食と農博物館), que depende del campus de Setagaya de la Universidad de Agricultura y Tecnología de Tokio, trata, como su nombre indica, de las tecnologías de la agricultura y de la historia de la alimentación.

Destaca en especial el centenar de especímenes de pollos disecados de distintas especies expuestos en la planta superior. Además de las especies domésticas japonesas y extranjeras, también podrá descubrir las aves salvajes antepasados del pollo común. Al lado de los pollos hay una colección de botellas de sake que despertarían la envidia de los bares mejor abastecidos. A veces, en la entrada del museo, se escucha cacarear a algunos pollos vivos enjaulados. Esta exposición singular recordará a los ciudadanos estresados que tienen pocas posibilidades de ver pollos vivos y enteros la importancia de esta ave en su nutrición.

En el edificio cúbico muy "de diseño" del museo, cuya entrada parece estar protegida por una curiosa e imponente estatua de gallo, también se exponen antiguas herramientas agrícolas de todos los rincones del país (el museo posee 3600 objetos).

EN LOS ALREDEDORES
El Biorium ⑱
Experimentos tropicales

Justo al lado del museo, un invernadero tropical apodado El Biorium (バイオリウム), propiedad del Instituto de Investigación Agrícola de la Universidad, también organiza visitas. También se puede acceder a El Biorium directamente desde el museo.

EL POSTE DE SEÑALIZACIÓN DE OYAMA-DORI

Antiguas señales de peregrinación

2-13 Sangenjaya Setagaya-ku (東京都世田谷区三軒茶屋2-13)
Cómo llegar: Sangenjaya (三軒茶屋), línea Tokyu Toyoko o tranvía Tokyu Setagaya

Justo al lado de la salida Setagaya-dori de la estación de Sangenjaya hay un antiguo poste de señalización de un camino de peregrinación, muy solitario en este entorno urbano moderno dominado por las autopistas urbanas. La peregrinación, que mezclaba el budismo y las creencias místicas populares relacionadas con el monte Oyama (al que se peregrinaba) en la prefectura de Kanagawa, tuvo mucho éxito a prin-

cipios del siglo XIX. Construido por primera vez en 1749 y luego reconstruido a principios del siglo XIX, el poste cambió de lugar durante las obras de las Olimpiadas de 1964 y luego volvió aquí, muy cerca de su ubicación histórica en 1983. El nombre del barrio (三軒茶屋; Tres salones de té) proviene de tres salones hoy desaparecidos que frecuentaban los peregrinos, Tanakaya (田中屋), Kadoya (角屋) e Ishibashiro (石橋楼) a los pies del cual se erguía el poste. Kadoya cerró durante la época Meiji, Tanakaya se incendió e Ishibashiro fue evacuado en 1945.

El triángulo de Sangenjaya

La minúscula zona al sur de la estación de Sangenjaya, y en particular la punta del triángulo formado por la intersección de la Setagaya-dori con la Tamagawa-dori, que corresponde en general al 2-13 Sangenjaya, está salpicada de pequeños bares e *izakayas* cerca de algunas callejuelas oscuras. Estos establecimientos son frecuentados por una parte de la juventud tokiota más moderna, la que "conoce", en un ambiente digno de los rincones más retro del noreste de la ciudad. Este triángulo, que huele bien a posguerra, contrasta considerablemente con las zonas aledañas que han pasado por el molinillo de la renovación urbana. Es uno de esos lugares alejados, pero elegante, donde uno tiene que beber al menos una vez y donde hay que conocer un lugar de moda para pretender ser un auténtico tokiota. Es de algún modo uno de los centros ocultos de la vida de la juventud moderna de Tokio.

EL MUSEO MUNICIPAL DE HISTORIA DE SETAGAYA

El primer museo de historia del barrio de la metrópolis

1-29-18 Setagaya Setagaya-ku (東京都世田谷区世田谷1-29-18)
Cómo llegar: a 3 minutos andando de Kamimachi (上町), tranvía Tokyu
Setagaya. Horario: de 9 a 17 h. Abierto todos los días salvo los lunes. Si el lunes es
festivo, el museo abre pero cierra al día siguiente. Abierto el día de la cultura
(3 de noviembre) y cuando se celebra el mercadillo de antigüedades de Boro-Ichi

Los museos locales de los distintos distritos de la ciudad son más o menos interesantes, pero el Museo Municipal de Historia de Setagaya (世田谷区立郷土資料館) es la excepción. Este museo de barrio, que cuenta con detalle los 30 000 años de historia del distrito más poblado (pero bastante lejos de ser el más turístico) de la capital, abrió en 1964. De hecho es el museo más antiguo de este tipo de los 23 distritos. Aunque tiene algunas cerámicas antiguas, cuadros y caligrafías de preciosa factura y unos dioramas bien hechos, no es un museo nacional, y aquí no hay nada que se quede grabado en las pupilas asombradas de los pocos visitantes que vienen, pero la visita, corta y gratuita, es agradable. Para realzar su encanto, el elegante edificio que alberga las colecciones del museo es obra de Maekawa Kumio[1] que hace de él todo un monumento. Como guinda del pastel, el museo se encuentra en el lugar donde estuvo la residencia de un gobernador de la época Edo (*Daikan*, 代官), que se remonta al siglo XVIII. La residencia del gobernador de Setaya, muy bien conservada, está catalogada como bien cultural importante y es la única residencia de este tipo que sigue en pie en la metrópolis.

El mercadillo de antigüedades de *Boro-Ichi* (ボロ市) se celebra los días 15 y 16 de diciembre y de enero en la calle que pasa por delante de la residencia del gobernador. El acontecimiento que se jacta de tener 400 años de historia se ha convertido en uno de los momentos imprescindibles de la vida de barrio en Setagaya, atrayendo una multitud que viene de las afueras del distrito.

[1] 前川国男, *1905-1986. Figura importante de la arquitectura japonesa del siglo XX.*

LOS DEPÓSITOS DE AGUA DEL CENTRO DE DISTRIBUCIÓN DE AGUA DE KOMAZAWA

Un espectacular vestigio desconocido de la época Taisho

2-41-5 Tsurumaki Setagaya-ku (東京都世田谷区弦巻2-41-5)
Cómo llegar: a 10 minutos andando de Sakurashinmachi (桜新町), línea Tokyu Den-En-Toshi
Se visita el interior una vez al año, normalmente el 1 de octubre para el Tomin no hi (都民の日), día de los habitantes de Tokio
Para más información consultar la web de Koma-Q (http://setagaya.kir.jp/koma-q/)

En medio de las casas cercanas a Sakurashinmachi, los dos depósitos de agua idénticos del centro de distribución de agua de Komazawa (駒沢給水所) son un vestigio desconocido y espectacular de la época Taisho (1912-1926). Inaugurados en 1924, justo cuando se instaló la

red moderna de distribución de agua de la ciudad, se abastecían del agua del río Tamagawa que almacenaban y redistribuían en las zonas cada vez más residenciales que crecían entonces hacia la ciudad de Shibuya, integrada en 1932 en Tokio para convertirse en una parte del distrito de Shibuya. Los depósitos de agua sobrevivieron sin graves daños al terremoto de Kanto (1923), que tuvo lugar durante las obras de construcción (cuando uno de los depósitos ya estaba terminado), y a la guerra. Hubo un tercer depósito en proyecto pero nunca vio la luz. El centro ya no distribuye agua desde finales del siglo XIX y hoy solo es un monumento dedicado al abastecimiento de agua en Tokio. Ha sido catalogado bien de interés histórico por el distrito y declarado patrimonio histórico por la sociedad japonesa de los ingenieros civiles (JSCE). Lamentablemente solo se puede acceder al recinto una vez al año, durante las visitas que organiza la Sociedad de Conservación de los Depósitos de Agua de Komazawa, alias Koma-Q (ver página web más arriba). Las dos magníficas torres de casi 30 metros de altura, construidas en uno de los puntos más altos del distrito con el fin de aprovechar la gravedad para facilitar la distribución del agua, se pueden ver fácilmente desde fuera del recinto, con su pequeño aire de fortaleza medieval europea dominando las casas bajas de las profundidades rara vez visitadas de Setagaya.

LAS ESTATUAS DE *SAZAE* Y DE SU FAMILIA EN SAKURASHINMACHI ㉒

Sazae en su casa

1-30-6 Sakurashinmachi Setagaya-ku (東京都世田谷区桜新町1-30-6)
Cómo llegar: saliendo de Sakurashinmachi (桜新町), línea Tokyu Den-en-toshi
Abierto las 24 horas

Antes de ir al Museo de Arte de Hasegawa Machiko[1], dibujante femenina de manga y creadora del manga *Sazae*, hay que saber que en cada salida de la estación de Sakurashinmachi hay estatuas de los personajes del manga: Tara y Sazae, salida sur, Katsuo y Wakame, salida norte, toda la familia (Sazae, Masuo, Tara, Namihei, Fune, Katsuo y Wakame), salida oeste. Una estatua solitaria de Sazae también vigila delante del *Koban* de la Sazae-san Dori, en el 1-30-14 Sakurashinmachi. Toda la familia está también en el parque, justo detrás del museo.

EN LOS ALREDEDORES
El Museo de Arte de Hasegawa Machiko
En los orígenes de Sazae

Inaugurado en 1985, el Museo de Arte de Hasegawa Machiko está al final de Sazae-san Dori, en el 1-30-6 Sakurashinmachi. El lugar es más bien un museo de arte generalista, que realmente no tiene mucho que ver con Sazae, aunque en la planta superior hay un diorama de la casa de las familias Fuguta[2] e Isono.

El museo, que abre todos los días salvo los lunes, acoge en un pequeño edificio de ladrillo rojo de dos plantas una parte de las colecciones personales de Machiko y de su hermana Mariko. Las obras expuestas (desde cerámicas hasta pinturas) rotan con regularidad.

> ### *Sazae-san y Sakurashinmachi*
> Con más de 7000 cuentos cortos emitidos en casi 2300 episodios, Sazae va muy por delante de los *Simpson* en el libro *Guinness de los récords*. Sakurashinmachi, donde residen Sazae y los suyos, tenía tal vez un aspecto semi-suburbano en la posguerra, cuando Machiko Hasegawa dibujaba sus mangas de cuatro viñetas en los que reflejaba una vida donde no ocurría nada grave, pero el ambiente de los suburbios tranquilos y lejanos ya no existe. En la actualidad, Sakurashinmachi está lleno de residencias de clase media, las pequeñas tiendas son discretas frente a un enorme centro comercial y el tren va por debajo del suelo. Sazae y su familia mantienen los alrededores de la estación de Sakurashinmachi, hasta el punto de preguntarse si los alquileres del barrio aguantarán si algún día el programa del domingo por la noche, que existe desde 1969, deja de emitirse.

[1] 長谷川町子, *1920-1992*.
[2] フグ田, *apellido de Sazae. Nacida Isono Sazae, vive en una casa multigeneracional con su marido Masuo, su hijo Tarao (Tara-chan), sus padres Namihei y Fune, su hermano pequeño Katsuo y su hermana Wakame.*

EL *SANDO* DEL SANTUARIO DE HISATOMI-INARI

Un camino de peregrinación original en el centro de la ciudad

2-17-1 Shinmachi Setagaya-ku (東京都世田谷区新町2-17-1)
Cómo llegar: a 10 minutos andando de Sakurashinmachi (桜新町), línea Tokyu Den-En-Toshi

El sorprendente *sando* peatonal de 250 m que lleva al santuario de Hisatomi-Inari (久富稲荷神社) está coronado por varios *toriis*. Permite engullirse en las entrañas residenciales de Setagaya caminando por un corto paseo en el que se mezclan el sintoísmo y el urbanismo residencial, una auténtica curiosidad en Tokio.

El acceso a este camino de peregrinación original está a unos 500 m al este de Sakurashinmachi, en la carretera 427. Casi siempre está desierto y solo recibe la visita de los vecinos pero dos veces al año (generalmente en mayo y en noviembre) se anima con un mercadillo de barrio.

Los que han caminado debajo de los 10 000 *toriis* hacia el Fushimi-Inari Taisha[1] en Kioto encontrarán aquí una versión tokiota simplificada.

En el recinto del santuario principal hay un pequeño santuario anexo dedicado al búho. Según parece un búho muy discreto ululaba a veces de noche, en la época Showa. Según la leyenda, aquel que tuviese la suerte de ver (u oír, según las versiones) al búho veía sus sueños cumplirse. Que los visitantes nocturnos se den por avisados.

Recordando la anécdota, los *emas* del santuario están decorados con el dibujo de un búho, y a los mercadillos se les llama *Fukuro Matsuri* (フクロウ祭り, Festival del búho).

La historia del santuario de Hisatomi-Inari no es clara. Se consideró al santuario como protector de un pueblo que estaba cerca de aquí en la época Edo. Los fieles que vivían cerca lo reconstruyeron y restauraron en el siglo XX.

LA GALERÍA DEL MONUMENTO CONMEMORATIVO DEL PARQUE OLÍMPICO DE KOMAZAWA

Debajo de la segunda sede de las Olimpiadas del 64

1 Komazawa-Koen Setagaya-ku (東京都世田谷区駒沢公園)
Cómo llegar: a 15 minutos andando de Komazawa-Daigaku (駒澤大学), línea Tokyu Den-En-Toshi
Abierto de 9.30 a 17 h todos los días salvo el 1er y 3er lunes de mes. Si el lunes es festivo la galería abre pero cierra al día siguiente. Cerrado del 31 de diciembre al 2 de enero - Entrada gratuita

En el subsuelo del gimnasio del Parque Olímpico de Komazawa, una galería poco frecuentada conmemora las Olimpiadas de verano de 1964. Además de una serie de fotos y carteles de época, se exponen uniformes y chándales que permiten constatar una vez más cómo la moda evoluciona rápidamente. También se exhiben la antorcha olímpica y algunas medallas y se pueden ver en unas pantallas fragmentos de los momentos más importantes de estos juegos. Por lo general la exposición es bastante sobria pero la visita es gratuita y te sumerge fácilmente en cierto ambiente eufórico del milagro económico.

El Parque Olímpico de Komazawa y las Olimpiadas de 1940

Los Juegos Olímpicos de 1964 se llevaron a cabo principalmente cerca de Shinanomachi y de Sendagaya. En el Parque Olímpico de Komazawa (駒沢オリンピック公園), un poco más alejado del centro, también se celebraron competiciones secundarias como el voleibol o el fútbol en un antiguo campo de golf. El Parque Olímpico también estuvo a punto de ser la sede principal de los juegos de 1940. Efectivamente, en 1932 Tokio resultó elegida como sede de las Olimpiadas de verano de 1940, canceladas a causa de la guerra sino-japonesa. Después de la guerra, en el Parque se construyó el estadio principal de los Toei Flyers (hoy los Hokkaido Nippon Ham Fighters) que a partir de 1962 sufrió modificaciones para acoger esta (pequeña) parte de las Olimpiadas de 1964, añadiendo varios terrenos y gimnasios. Ahora el gran parque ofrece la oportunidad de entrar en un precioso conjunto arquitectónico de los años 60, de hormigón y muy anguloso. Una torre conmemorativa de 50 m de altura, que parece una brocheta gruesa pero elegante, domina la plaza central. La llama olímpica ardía en la cúpula situada en medio de la extensión de agua al este de la torre.

EN LOS ALREDEDORES

Edan Mall Fukasawa

(26)

Un trozo de Shitamachi al suroeste

En medio de un área residencial más que burguesa (los barrios circundantes figuran entre los más ricos de las afueras de la Yamanote) cerca del 3 Fukasawa, el misterioso Edan Mall Fukasawa (エーダンモール深沢) lleva oficialmente el nombre de la galería comercial de Higashi Fukasawa (東深沢商店街). La singular aglomeración de algunas tiendas estrechas, bares pequeños e *izakayas* un poco decrépitos, no desentonarían en absoluto en los rincones más apartados del noreste de la ciudad.

El origen de "Edan"

Este auténtico trocito de Shitamachi empezó siendo un complejo de viviendas colectivas públicas (都営団地, en japonés *Toei-danchi*) construido para realojar a víctimas del gran bombardeo de Tokio. Algunos locales comerciales se instalaron poco a poco en el complejo. Del "ToEi Danchi" solo queda un nombre, Eidan pasó a ser Edan, y este plano de barrio en forma de damero tan estrecho que desentona tanto con las calles aledañas.

LA ESTACIÓN DE KUHONBUTSU

Una estación muy corta para los trenes

7 Okuzawa Setagaya (東京都世田谷区奥沢世田谷7)
Cómo llegar: Kuhonbutsu (九品仏), línea Tokyu Oimachi

Al lado de Jiyugaoka, la pequeña estación de Kuhonbutsu (九品仏 駅) es una curiosidad que merece el desvío.

El andén es demasiado corto para acoger los trenes de 5 vagones que se detienen en él.

Cuando un tren llega no abre las puertas de los vagones que no caben en el andén, por lo que hay que moverse dentro del tren para bajar en esta estación.

Con la prolongación del andén de la estación de Togoshi Koen en la línea Tokyu Oimachi en febrero de 2013, Kuhonbutsu es el único ejemplo que queda en Tokio de una estación con el andén demasiado corto. Como anécdota, algunas puertas no abren en la línea Isezaki en Asakusa, no porque el andén sea demasiado corto sino porque los extremos del andén son peligrosos.

Aquí un paso a nivel corta el andén en la punta oeste y para alargarlo hay que realizar obras importantes.

LAS GARGANTAS DE TODOROKI

Un cañón en Tokio

1-22 Todoroki Setagaya-ku (東京都世田谷区等々力1-22)
Cómo llegar: a 2 minutos andando de Todoroki (等々力), línea
Tokyu-Oimachi
Abierto las 24 horas

El barranco, resultado de los esfuerzos milenarios del río Yazawa-gawa por erosionar las laderas de la meseta de Musashino, antes de desembocar en el Tamagawa, es hoy uno de los parques naturales más sorprendentes de la capital. El Parque de las Gargantas de Todoroki (等々力渓谷公園) tiene unas gargantas de unos diez metros de profundidad que dividen literalmente la ciudad en dos. Aunque no sea el Gran Cañón de Setagaya, hay algo casi místico al pasear por el barranco de un kilómetro de largo, lo bastante profundo para amortiguar aunque sea un poco el ruido del tráfico y disimular las fachadas de hormigón y de vidrio de los edificios, siendo a la vez un camino por el que se puede ir con calzado de ciudad. El fondo del barranco tiene varios puntos de interés propios: lugares budistas y sintoístas, una (pequeña) cascada, e incluso una tumba de la época Kofun cuya entrada está protegida por un muro de vidrio, todo ello en medio de una vegetación exuberante y de cantos de pájaros. Desconexión garantizada.

LOS TÚMULOS DE LAS COLINAS DE LA MESETA DE MUSASHINO

Tumbas ancestrales en pleno centro de la ciudad

2-12 Kaminoge Setagaya-ku (東京都世田谷区上野毛2-12) para Kaminoge-Inarizuka, 1-25 Noge Setagaya-ku (東京都世田谷区野毛1-25) para Noge-Otsuka
Cómo llegar: a 8-10 minutos andando de Kaminoge (上野毛), línea Tokyu Oimachi
Kaminoge-Inarizuka se ve desde una barrera, se puede acceder a Noge-Otsuka

En el 2-12 Kaminoge, una extraña colina pequeña, verde y circular situada detrás de una barrera desde donde se ve muy bien, puede intrigar al visitante curioso. Lejos de ser una colina natural es una tumba en forma de agujero de cerradura (前方後円墳), de más de quince siglos de antigüedad. Es el túmulo de Kaminoge-Inarizuka (上野毛稲荷塚古墳). Tras realizar unas excavaciones en 1995 y 2009, se hallaron varios artefactos (collares, etc.) que permitieron datar este túmulo a finales del siglo IV, lo que lo convierte en uno de los más antiguos de la zona. 500 metros más lejos, en medio del parque Tamagawanogemachi-Koen, lo

que parece, esta vez, una pirámide circular, entre el campo de beisbol y las pistas de tenis, es el túmulo de Noge-Otsuka (野毛大塚古墳), mucho más imponente y probablemente la tumba de un renombrado señor de mediados del siglo V. Las excavaciones de finales del siglo XIX sacaron a la luz miles de objetos. La cima del túmulo, de 10 m de altura, es accesible y alberga algunos planos de las excavaciones.

Otros túmulos en los alrededores

Estos dos túmulos claramente visibles no son los únicos en los alrededores: de hecho, unas cincuenta tumbas ancestrales de distintos tamaños salpican el tejido urbano de las orillas del Tamagawa entre las estaciones de Tamagawa-en y Futako-Tamagawa, a ejemplo de la tumba de las gargantas de Todoroki (ver p. 117). El Museo de Historia de Ota situado en el 5-11-13 Minami-Magome dispone de mapas detallados que ayudan a descubrir todos estos túmulos, esas pequeñas colinas más o menos visibles.

EN LOS ALREDEDORES

Kimura Budoen, pollos y uvas en la ciudad

Kimura Budoen (木村ぶどう園 - 2-20-16 Noge), que apenas perturba la tranquilidad del barrio y de sus tumbas milenarias con algunos cacareos, es un sutil cruce entre una granja de pollos al aire libre, un viñedo y un terreno lleno de fresas.

Cualquiera puede venir a recolectar uvas o fresas, según la temporada. Importante destacar que el ataque de los mapaches a veces impide vender huevos de gallina.

Las cuestas empinadas de Den-En-Chofu

Un poco más al este, el lado oeste del abanico que forma Den-En-Chofu recuerda porqué el barrio se llamaba Tamagawa Heights cuando se fundó. Recorriendo el borde de la meseta de Musashino, unas callejuelas estrechas se alejan de las alturas para precipitarse hacia el río Tamagawa por unas cuestas vertiginosas que a menudo superan los 20 grados. Hacia el 5-5-18 Den-En-Chofu, nace por ejemplo Umazaka (馬坂, literalmente La cuesta de los caballos), donde los caballos subían a duras penas una pendiente de 22 grados en la época Taisho. Entre el 5-26 y el 5-27 Den-En-Chofu, está Kyuzaka (急坂, literalmente La cuesta empinada), que hace honor a su nombre. En la esquina suroeste de la estación depuradora de Tamagawa, entre el 5-23 Den-En-Chofu y el 5-18 Den-En-Chofu, una pendiente sin nombre alcanza incluso los 26 grados. En el 1 Oyamadai, al oeste del 5 Den-En-Chofu, tiene también algunas pendientes que gustarán a los más exigentes.

LOS SUBTERRÁNEOS DEL TEMPLO ㉛
TAMAGAWA-DAISHI

Para realizar, en Tokio, y en la oscuridad,
la peregrinación de los 88 templos de Shikoku

4-13-3 Seta Setagaya-ku (東京都世田谷区瀬田4-13-3)
Cómo llegar: a 10 minutos andando de Futako-Tamagawa (二子玉川), líneas
Tokyu Den-En-Toshi o Tokyu Oimachi
Abierto de 9 a 17 h

Aunos minutos del familiar ambiente de Futako-Tamagawa, Tama-gawa-Daishi (玉川大師) es un templo muy original y desconoci-do del suroeste de la ciudad. La apariencia externa de este templo abierto en 1925 es muy normal y es bajo tierra donde el templo guarda su increíble secreto: un recorrido subterráneo, a 5 metros de profundidad, abierto en 1934 para que los tokiotas que no podían viajar realizasen la peregrinación de los 88 templos de Shikoku y de sus 33 templos de Saigoku Kannon.

Los subterráneos del templo, que tienen unas 300 estatuas, sirvieron de refugio durante la guerra. Alberga un Buda acostado, el más gran-de de la ciudad. Tras bajar unas escaleras situadas dentro del *hondo* (se recomienda hacer una pequeña donación), el recorrido empieza en la oscuridad más absoluta donde el tacto y el oído son los únicos guías a lo largo de los muros generalmente lisos. Una experiencia probablemente difícil para los claustrofóbicos.

Al final de un pequeño recorrido que parece interminable, se distin-guen unas estatuas de Buda alineadas en un espacio muy poco ilumi-nado. Es mejor rezar ante el Buda que corresponda a su edad, antes de salir, espiritualmente, entre otras cosas, más iluminado. Está totalmente prohibido hacer fotos en los subterráneos, y hay que dejar las cámaras de fotos antes de bajar las escaleras.

Nerima / Itabashi / Kita

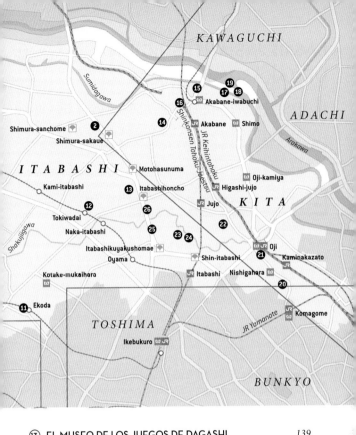

LAS REJAS ANTI-SUICIDIO DE TAKASHIMADAIRA

El oscuro pasado de un complejo residencial gigantesco

2 y 3 Takashimadaira Nerima-ku (東京都練馬区高島平2 / 3)
Cómo llegar: Takashimadaira (高島平) o Shin-Takashimadaira (新高島平),
línea Toei Mita
Abierto las 24 horas

En las zonas comunes del gigantesco *danchi* de Takashimadaira (高島平団地), situadas encima de la segunda planta, destacan unas rejas metálicas con motivos curvos, casi artísticos. Estas rejas, instaladas en 1981, no son solo decorativas, sirven concretamente para limitar el número de suicidios en un edificio cuya altura ha atraído a mucha gente que se ha lanzado al vacío. La historia de Takashimadaira (高島平, Las llanuras de Takashima, nombre del artillero Takashima Shuhan[1] que usó el primer cañón de fabricación japonesa en las llanuras en 1841) se confunde con la del *danchi*, el tío abuelo de los viejos *megadanchis* de la ciudad edificados durante el milagro económico. Inaugurado en 1972 y situado un poco después de la línea Mita, aloja en la actualidad a unas 17 000 personas, tras haber tenido más de 30 000 personas en su momento más álgido a finales de los 80. Takashimadaira tiene que lidiar con una historia poco agradable. Desde 1972, cada cinco nuevos residentes aprovechaban la altura de los edificios de 14 plantas para quitarse la vida. El 13 de abril de 1977, un padre desesperado por la desaparición de su esposa y de sus dos hijos se lanzó al vacío y el *danchi* se ganó el apodo de "centro de los suicidios" del que le hubiera gustado prescindir. En aquella época, una persona al mes de media decidía acabar con su vida y el ritmo aumentó rápidamente. Los edificios altos atraen a los candidatos al suicidio del país entero, siendo el 80% de los suicidados personas que no viven en el barrio. En 1978 se cerró el acceso a los tejados y en 1981 instalaron unas rejas que han reducido drásticamente el número de muertos.

[1] 高島秋帆, *1798-1866. Ingeniero militar y artillero de finales de la era Edo.*

EL JARDÍN YAKUSHI NO IZUMI ②

Alrededor de un antiguo manantial en la Nakasendo

3-7-20 Azusawa Itabashi-ku (東京都板橋区小豆沢3-7-20)
Cómo llegar: a 5 minutos andando de Shimura-Sakaue (志村坂上),
línea Toei Mita
Abierto todos los días de 9 a 16.30 h
Entrada gratuita

El agradable jardín Yakushi no Izumi (薬師の泉庭園), que da directamente a la nacional 18 y al que se entra por una puerta muy baja (hay que agacharse para cruzarla), es hoy una reproducción muy lograda de 1989.

El jardín, que es muy pequeño, se visita, o más bien se cruza, en unos diez minutos como mucho. La visita, gratuita, ofrece un descanso placentero al ruidoso tráfico de la nacional 18, que sigue el trazado de la antigua ruta del Nakasendo por la que los viajeros caminaban hasta Kioto desde Edo pasando por el centro del país.

Aunque la copia es reciente, la historia del jardín es bastante antigua. Al principio estaba en el templo Daizenji, fundado a finales del siglo XV, que quedó integrado desde entonces en el templo vecino de Sosenji. El Daizenji se construyó alrededor de un manantial que refrescó a más de un viajero de la Nakasendo. El 8º sogún, Tokugawa Yoshimune[1], elogió incluso las propiedades de este agua mientras se refrescaba durante una partida de caza. La efigie venerada (el *honzon*, 本尊) del Daizenji era una estatuilla budista de Bhaishajyaguru, el buda de la medicina (如来薬師, *nyorai yakushi*), obra, se dice, del príncipe Shotoku[2] en persona. Este buda, según las palabras de Yoshimune, es apodado el Buda del Manantial. De ahí viene el nombre del jardín (薬師の泉庭園, *Yakushi no Izumi Teien*, El jardín del manantial del buda de la medicina).

El manantial ya existía en el *Edo Meisho Zue* (江戸名所図, Guía de los lugares conocidos de Edo)

en un grabado cuya copia está en el jardín. Los tiempos han cambiado, los viajeros ya no caminan por la ruta del Nakasendo, el jardín está prácticamente vacío, el manantial ya no existe y para refrescarse hay que ir a las máquinas expendedoras de bebidas.

[1] 徳川吉宗, *1684-1751.*
[2] 聖徳太子, *572-622. Político y regente en la época de la llegada del budismo en Japón, presunto autor de una de las primeras constituciones del país.*

EL GRAN BUDA DE TOKIO

Monumental aunque desconocido

5-28-3 Akatsuka Itabashi-ku (東京都板橋区赤塚5-28-3)
Cómo llegar: a 20 minutos andando de Takashimadaira (高島平), línea Tokyo
Metra Mita, o a 20 minutos andando de Shimoakatsuka (下赤塚) o Narimasu
(成増), línea Tobu-Tojo
Abierto todos los días de 10 a 16 h

En pleno centro del barrio de Akatsuka, al noreste de Narimasu, el templo de Jorenji alberga el Gran Buda de Tokio (東京大仏), el tercer buda de bronce más grande de Japón después de los de Nara y Kamakura. La estatua que, curiosamente, figura muy discretamente en las guías tradicionales, se añadió como ofrenda tras la reconstrucción del templo cuando lo trasladaron de lugar para, entre otras cosas, agradecer el buen desarrollo de las obras.

Erigida en 1977, la estatua de algo más de 12 m de altura no es tan colosal como sus dos homólogas pero es lo bastante elegante e imponente como para que sea sorprendente que no aparezca en los folletos sobre la ciudad. La distancia entre las estaciones de metro más cercanas explica en parte la tranquilidad y la ausencia de turistas añade encanto al lugar; estamos lejos de los estruendosos grupos de estudiantes y de los turistas extranjeros en tropel fascinados por los ciervos del templo Todai-ji en Nara.

Fundado entre 1394 y 1427, Jorenji era un templo poderoso en la época Edo. Hasta 1973, el sitio histórico del templo estaba cerca del número 60 de Nakajuku, a casi 7 kilómetros hacia el sureste en línea recta desde su ubicación actual, al lado del ayuntamiento del barrio de Itabashi y sobre todo cerca de la ruta Nakasendo y de la *shukuba* de Itabashi (ver p. 154). Sin embargo, el templo tuvo que ser trasladado a su actual ubicación debido a la construcción de la autopista urbana y al ensanche de la carretera nacional 17 cuyos trazados invadían considerablemente el recinto del templo.

EN LOS ALREDEDORES
La estela del castillo de Akatsuka ④
En el emplazamiento de un castillo desaparecido

El templo de Jorenji se construyó en un lugar que formaba parte del recinto exterior del castillo de Akatsuka. El castillo pertenecía al clan Chiba, aliado de los Go-Hojo. No queda prácticamente nada de este castillo, destruido en el siglo XVI tras la derrota de los Go-Hojo por Hideyoshi[1], tan solo un pilar conmemorativo y un panel explicativo en medio del Parque de Akatsuka-Tameike que indican el calabozo. El castillo ocupaba gran parte del 5-Akatsuka. Lejos de este grandioso pasado, el Akatsuka actual es un barrio residencial muy tranquilo formado esencialmente de casas individuales y apartamentos pequeños.

---

[1] 豊臣秀吉. *Toyotomi Hideyoshi, 1537-1598, señor de la guerra, uno de los tres unificadores del país del siglo XVI.*

EL *DANCHI* DE HIKARIGAOKA

Los bloques de apartamentos más impresionantes de Tokio

Hikarigaoka Nerima-ku (東京都練馬区光が丘)
Cómo llegar: Hikarigaoka (光が丘), línea Toei Oedo

La masiva comunidad residencial de Hikarigaoka Parktown (光が丘 パークタウン), a menudo llamada *Hikarigaoka Danchi*, es sencillamente el *danchi* más grande de la ciudad. 12 000 viviendas y una población de más de 35 000 habitantes repartidos en 186 hectáreas. Es el equivalente a una ciudad mediana con su quincena de colegios e institutos, su hospital, su comisaría, sus supermercados y sus pequeños comercios, todo ello con vistas a uno de los parques más grandes de la ciudad, un sueño planificado de la vida comunitaria en un entorno urbano. Más de 30 años después de su construcción, Hikarigaoka conserva su impresionante aspecto casi soviético y merece claramente una visita. Son bloques de edificios altos, macizos, geométricos y un poco fríos. Las altas torres dominan los gigantescos aparcamientos para bicis y cuartos de basuras de cada bloque. A primera vista la sensación de agobio queda rápidamente contrastada por unos vecinos muy familiares, más jóvenes que la media nacional, una excepción notable para los *megadanchis*: pandillas de críos en bici pedalean con prudencia en medio de peatones y los gritos de los niños inundan *Fureai no Michi*, el paseo central peatonal. Hay ginkgos plantados a lo largo de este simpático paseo que lleva al parque al que pertenece administrativamente. El centro comercial IMA,

a la altura de la estación y al otro lado de Fureai no Micho es, de hecho, el centro comercial más grande del distrito de Nerima. La estación de metro, el corazón de la comunidad y la puerta de acceso al resto de la ciudad, abrió en 1991. En aquel entonces, la línea Oedo solo llegaba a Nerima y hubo que esperar a 1997 para que llegara directamente a Shinjuku. Hikarigaoka tuvo que vivir unos años un poco alejada de los grandes ejes que llevaban al centro de la ciudad y eso se nota, el barrio es una auténtica comunidad. Los edificios han envejecido pero el conjunto está bien mantenido.

Arrozales en la ciudad

El *danchi* tiene tres grandes parques de temporada (*Haru no Kaze*, 春の風公園, Parque del viento primaveral, *Natsu no Kumo*, 夏の雲公園, Parque de las nubes de verano, *y Aki no Hi*, 秋の陽公園, Parque del sol de otoño) que intentan reproducir la flora original de la meseta de Musashino, rompiendo así con la uniformidad de los bloques de edificios. Podrá encontrar algunos arrozales cultivados en el Parque del sol de otoño. Los arrozales están a disposición de los colegios que cultivan en ellos el arroz que los niños cosechan (unos 100 kg de arroz al año).

¿Grant Heights o Grand Heights?

Hikarigaoka Parktown ocupa el emplazamiento de la Base Aérea de Narimasu (成増陸軍飛行所), construida en 1943 para proteger la capital, cuya relativa vulnerabilidad se vio expuesta con el ataque aéreo de Doolittle en 1942. Unos caza Nakajima Ki-44, sustituidos en 1945 por unos cincuenta temibles Ki-84 Hayate, estaban aparcados en la base aérea para defender la ciudad de los bombardeos aéreos de los B-29 cada vez más frecuentes. Al final de la guerra, los Aliados requisaron la base y la arrasaron para construir una urbanización de 1200 viviendas para las familias de los soldados americanos durante la ocupación, la *34th Air Base Housing Area*, alias Grant Heights, abierta en 1948. Para muchos vecinos de la época, el general y presidente americano que dio su nombre a la base no era tan conocido y el trocito de América se llamaba "Grand" Heights, con el sonido "d". Visto su superficie, "Grand" le iba perfectamente.

En septiembre de 1973, Grant Heights es devuelta a la administración japonesa. En 1977 se decidió edificar un complejo residencial monumental, el mismo año en que se inició la construcción del parque al norte. La edificación de las viviendas empezó en 1981 y los primeros residentes se mudaron en marzo de 1983, unos días antes de la apertura de Tokyo Disneyland.

LA GANADERÍA DE KOIZUMI

Una granja lechera en la ciudad

2-1-24 Oizumigakuencho Nerima-ku (東京都練馬区大泉学園町2-1-24)
Cómo llegar: a 15 minutos andando de Oizumigakuen (大泉学園), línea Seibu-Ikebukuro
El puesto de helados abre todos los días de 10 a 17 h, cierra ocasionalmente.
Los establos se pueden ver las 24 horas del día

La zona oeste del distrito de Nerima está plagada de parcelas cultivables, que se pueden ver bien cuando uno se aleja un poco de las carreteras principales. Aunque el número de explotaciones disminuye rápidamente debido a la presión de la expansión urbana, en 2009 el distrito contaba aún con algo más de 500 micro-explotaciones agrícolas.

La explotación de Koizumi (小泉牧場) con sus cuarenta reses, unas Holstein lecheras, es la última explotación lechera de los 23 distritos tokiotas que aún funciona y está a 15 minutos a pie hacia el norte de la estación de Oizumigakuen.

Un pequeño puesto situado frente a los establos, del otro lado de la calle, vende helados artesanales hechos con la leche de las vacas de esta explotación, lo que permite disfrutar *in situ* de la producción agrícola de Tokio. Es fácil dar con este sitio desde lejos por el olor a estiércol

que impregna enseguida el paisaje que sigue siendo muy urbano. La explotación recibe visitas ocasionales de las guarderías y de las escuelas de educación infantil del barrio que van en busca de los misterios de la naturaleza, alimentando por ejemplo a las vacas. Fuera, justo al lado de los establos, hay una mesa pequeña en la que uno se puede sentar a descansar mientras saborea un helado de chocolate, de té verde o de sal, a unos metros de las vacas, casi a la sombra de la *mansion* vecina. De hecho, es la actividad principal de la visita.

La especialidad local del distrito de Nerima es la coliflor: el distrito produce el 40 % de la producción total de coliflor de la ciudad de Tokio, incluyendo las ciudades y los pueblos que están circunscritos a la metrópoli.

Nishi-Oizumicho: el único enclave administrativo de Tokio

A unos veinte minutos a pie de la explotación ganadera de Koizumi, a unos cien metros al noroeste de la frontera entre el distrito de Nerima y el de Saitama, Nishi-Oizumicho (西大泉町) es un minúsculo barrio de siete casas un tanto curioso, es el único enclave administrativo de los 23 distritos de Tokio. En la misma calle, hay una casa que depende oficialmente de la ciudad de Niiza en la prefectura de Saitama, y la casa vecina en Tokio, del distrito de Nerima. No es necesario comprobar la dirección de cada residente, algunos detalles ayudan a darse cuenta de esta curiosidad administrativa: si mira con atención las alcantarillas verá que algunas tienen el mismo diseño que las tokiotas. También verá un extintor con los colores de Nerima. El suministro eléctrico, el teléfono y el agua corriente dependen de la ciudad de Niiza y de la prefectura de Saitama. De vuelta a Tokio, el mapa del barrio desde el parque hasta el 2-23-1 Nishi-Oizumicho delimita claramente el barrio. Ni la ciudad de Niiza que rodea el enclave, ni el distrito de Nerima, parecen saber cómo nació este enclave y nadie vivió en él hasta los años 70. Oficialmente, al distrito de Nerima le gustaría que este enclave se integrase a Niiza, pero no todos los (escasos) residentes de Nishi-Oizumicho están de acuerdo: hasta ahora, sigue existiendo una "isla" de Tokio en pleno Saitama.

La estación de Oizumigakuen (大泉学園, Centro académico de Oizumi) es la estación más cercana de Nishi-Oizumicho que está íntegramente en el barrio de Tokio[1]. No presta servicio a ningún centro universitario importante ni centro de investigación de excelencia: esta zona residencial lejos de Ikebukuro se desarrolló en los años 20 después del terremoto de Kanto sin lograr que se instalase ninguna universidad que justificaría su nombre. Hay institutos, colegios y escuelas de educación primaria, pero nadie se atrevería a calificar este barrio tan residencial de refugio estudiantil.

[1] *Otra curiosidad administrativa... La estación de Hoya (保谷) está más cerca de Nishi-Oizumicho, pero solo una pequeñísima parte de sus andenes está en el distrito de Nerima.*

Jizo devorador de fideos

4-25-1 Nerima Nerima-ku (東京都練馬区練馬4-25-1)
*Cómo llegar: a 5 minutos andando de Toshima-en (豊島園), líneas Toei Oedo
o Seibu Toshima*

En el templo de Kuhon'in (九品院), uno de los once templos de Tajima-san, destaca una curiosa estatua Soba-kui Jizo (蕎麦喰地蔵, *Jizo* devorador de fideos), al que los creyentes agradecen aquí depositando *sobas*. La estatuilla, visiblemente muy desgastada, se ha ido alisando con el tiempo.

Justo a la derecha del *Jizo*, dos *rakans* agachados parecen saborear sus *sobas* de piedra. Según la leyenda, un vendedor de *sobas* de Asakusa de la época Edo ofrecía todos los días un plato a un sacerdote de un templo vecino. Este sacerdote resultó ser una encarnación de *Jizo*.

Desde ese momento la familia del vendedor estuvo protegida de las desgracias y de las epidemias de principios del siglo XIX, que provocaron el traslado del templo, y dio lugar a la práctica de la ofrenda de *sobas*.

Los once templos de Tajima-san

El pequeño callejón sin salida del complejo de los Once Templos de Tajima-san ayuda a escapar del bullicio de Toshima-en, el mayor parque de atracciones de los distritos del este de la ciudad. El complejo en su conjunto tiene cierta coherencia arquitectónica y fotogénica, pero es totalmente moderno, y su papel es más espiritual que turístico. Estos once templos de la secta Jodo-shu, subalternos del templo Seiganji, inicialmente situado en Asakusa-Tajimamachi (hoy Nishi-Asakusa cerca de Asakusa), tuvieron que ser trasladados aquí en 1928 tras ser destruidos por el terremoto de 1923. Están agrupados en el callejón sin salida. Seiganji, él, se fue a Fuchu.

El complejo budista, muy poco frecuentado, y solo por los fieles, da a un cementerio muy grande, que también se mudó tras el seísmo de 1923. Una imponente estatua de Buda preside en la entrada. Varios hombres ilustres de la época Edo tienen aquí su tumba, como Ikenaga Doun[1] en la sección del templo de Juyoin o el herborista Ono Ranzan[2] en la del templo de Kojoin.

EN LOS ALREDEDORES

Shingyoji ⑧

Templo de las curvas florales

Un poco al este del complejo de Tajimasan, el Templo de Shingyoji, en el 2-12-11 Nerima, se fundó en los años 1920. El edificio principal, que recuerda a las formas de los templos de Asia del sur con sus curvas casi florales, se construyó en los años 50, inspirado en el estilo muy particular del edificio principal del templo de Honganji en Tsukuji.

Toshima-en y su castillo

Hecho poco conocido por la gente, el parque de atracciones de Toshima-en (としまえん) ocupa el lugar del antiguo castillo medieval de Nerima (練馬城), erigido hacia mediados del siglo XIV, y del que no queda ningún vestigio físico. La mazmorra estaba donde el tobogán Hydropolis. El castillo pertenecía al clan Toshima así como el castillo de Shakujii (石神井城), en el que se realizaron excavaciones arqueológicas en el centro del agradable parque de Shakujii.

---

[1] 池永道雲, *1674-1737. Gran calígrafo y grabador de sellos.*
[2] 小野蘭山, *1729-1810. Herborista y naturalista que en 1803 terminó un importante compendio con el que se ganó el apodo de "von Linné de Oriente".*

EL OBSERVATORIO
DEL AYUNTAMIENTO DE NERIMA

Unas vistas preciosas para tomar un café

6-12-1 Toyotamakita Nerima-ku (東京都練馬区豊玉北6-12-1)
Cómo llegar: a 10 minutos andando de Nerima (練馬), líneas Seibu-Ikebukuro, Seibu-Yurakucho o Toei Oedo
Horario: de 9 a 21 h. Cerrado del 19 de diciembre al 4 de enero y el 4º domingo de mes

El Ayuntamiento de Nerima (練馬区役所), que domina los alrededores del lado sur de la estación de Nerima, es uno de los pocos edificios altos del distrito. La planta 20ª alberga un observatorio y un café que están vacíos muy a menudo.

Las vistas de Tokio desde el edificio del Gobierno Metropolitano en Shinjuku son muy agradables pero son muy conocidas. Las del Ayuntamiento de Nerima, aunque estén a menor altura que las de Shinjuku, son más interesantes. Además el acceso es gratuito.

Nerimaru, es la mascota con cabeza de rábano del barrio y la que hace de guía por los pasillos de la planta del observatorio. Otro de los atractivos interesantes del ayuntamiento es que las vistas ofrecen una perspectiva exterior del centro de la ciudad, y permite así abarcar el centro de la ciudad en su conjunto, incluida la silueta de los rascacielos de Shinjuku (¡se ven medianamente bien desde Shinjuku!). Con un poco de suerte, y si no hay humedad en el aire, las vistas del monte Fuji desde el otro lado son impresionantes.

Aunque hay una o dos *mansiones* altas que tapan la vista, por suerte es en el lado con menos interés, salvo para quienes les encantan los suburbios alejados de Saitama.

EN LOS ALREDEDORES
Toshima-Benzaiten ⑩
Un santuario dedicado al agua… sin agua

Del lado norte de la estación de Nerima, la calle Benten-Dori está flanqueada por pequeños comercios antiguos que garantizar un ambiente Showa. En medio de todo este alboroto, es fácil no ver el minúsculo camino de acceso al Santuario Toshima-Benzaiten (豊島弁財天), un pequeño santuario encajado entre una lavandería y un *pub* en el 2-2 Nerima. Benzaiten, divinidad budista japonesa de origen hinduista (su nombre original es Sarasvatí) y una de las siete divinidades de la felicidad, e identificada a menudo con Ichikishimahime, diosa del agua, en el sincretismo entre el budismo y el sintoísmo. Y sin embargo no hay ningún río a la vista en los alrededores.

De hecho, había un río que nacía en los alrededores y desembocaba en el Shakujiigawa. Hoy el río está soterrado, pero el camino de hormigón que serpentea al norte del santuario y que se distingue muy bien, al que le siguen unas callejuelas que son todo menos rectas, es una prueba de su existencia. El Shakujigawa era un elemento protector esencial del desaparecido Castillo de Nerima, situado a la altura del parque de Toshimaen, por lo que no es sorprendente que ante todo se hayan respetado los ríos de alrededor.

EL FUJIZUKA DE EKODA

Un monte Fuji versión tokiota

1-59-2 Kotakemachi Nerima-ku (東京都練馬区小竹町1-59-2)
Cómo llegar: a 2 minutos andando de Ekoda (江古田), línea Seibu-Ikebukuro
Se puede ver todo el año pero solo se puede subir tres veces al año: del 1 al 3 de enero, el 1 de julio y el segundo sábado de septiembre

Justo en la salida norte de la estación de Ekoda, en el recinto del santuario de Asama, una pequeña colina boscosa de 8 m de alto se alza detrás de un *torii*. Esta colina artificial de primera mitad del siglo XIX, llamada Fujizuka de Ekoda (江古田の富士塚), es uno de los pocos ejemplos de *Fujizuka* que quedan en pie en la ciudad, esas pequeñas reproducciones del monte Fuji que permiten a los que no pueden subir a su cima hacer una peregrinación de sustitución.

Hoy en día, la colina siempre es visible pero solo se puede subir a su cima tres veces al año: del 1 al 3 de enero para el *hastsumode*, el 1 de julio (día de la apertura de la temporada de ascensión al monte Fuji, al auténtico), y el segundo sábado de septiembre, el festival anual del santuario. Durante los pocos días en que se puede subir la colina se pueden ver escaladores en ciernes pero afortunadamente no hay tanta gente como en la ascensión al monte Fuji. La relativa facilidad con la que ahora se puede subir al monte explica al fin y al cabo que la afluencia sea bastante menor.

Otros Fujizukas en Tokio

Varias decenas de Fujizukas de varios tamaños salpican la ciudad. El de Ekoda es uno de los mejor cuidados de la capital, junto con el del santuario de Onoterusaki en Shitaya, cerca de Udeno, y el del santuario de Fuji-Asama, en el barrio de Takamatsu, en el distrito de Toshima. El de Ekoda no es el más alto comparado con algunos Fujizukas de los 23 distritos que llegan casi a los 12 m. Fuera de los 23 distritos, un Fujizuka en la ciudad de Fuchu alcanza incluso los 30 m. Los Fujizukas son un fenómeno que solo se encuentra en Kanto y en Tokio: se construyeron principalmente en la época Edo, cuando la creencia en la divinidad del monte ganó popularidad. El fenómeno empezó a finales del siglo XVIII y alcanzó su auge en el XIX. Ahora que la escalada al monte Fuji es mucho más fácil, los Fujizukas han perdido su utilidad, sobre todo porque hay que ver el monte Fuji desde la cima del Fujizuka para que la peregrinación sea un éxito y hoy en día los edificios altos del Tokio moderno impiden ver el monte.

Del mismo modo, en Europa, en la Edad Media, se crearon lugares de sustitución de la peregrinación a Jerusalén para quienes no podían o no querían, por razones de seguridad, ir a Jerusalén. Ver *Toscana insólita y secreta* del mismo editor.

TOKIWADAI Y SUS CALLEJONES SIN SALIDA ⑫

Serenidad al noroeste de la ciudad

1 y 2 Tokiwadai Itabashi-ku (東京都板橋区常盤台1 / 2)
Tren: Tokiwadai (ときわ台), línea Tobu-Tojo
Abierto las 24 horas

A algunas estaciones de distancia de Ikebukuro en la línea Tobu-Tojo, en pleno centro de Itabashi, Tokiwadai (常盤台) es un islote desconocido de casas chics individuales construido en 1935 por Komiya Kenichi[1] para Tobu Railways, promotor inmobiliario y operador ferroviario de la zona. El conjunto se organiza en torno a una rotonda del lado norte de la estación, con calles arboladas y curvas donde cada casa puede mantener su intimidad, con paseos peatonales y auténticos callejones sin salida. Casi podríamos creernos por un instante en Den-En-Chofu. De hecho, estos callejones sin salida son los únicos cinco "callejones sin salida auténticos" y proyectados así en todo Tokio. Tienen una característica común: los coches no pueden cruzar los callejones pero hay un camino peatonal para que los peatones puedan cruzarlos sin problema. La planificación del barrio definía estrictamente la cantidad de terrenos asignados a las parcelas residenciales, comerciales y a las escuelas. El barrio, que al principio estaba destinado a la clase media, terminó por seducir a las clases sociales con ingresos más altos. Muchas casas de la época (una mezcla de estilo tradicional nipón y de enfoque "a la occidental" han desaparecido con los años y con las sucesivas reformas urbanas, pero quedan algunos edificios originales, como la Escuela Infantil Teito en el 1-6-2 Tokiwadai y una residencia privada en el 2-9-5. Para los más curiosos, un edificio del barrio que albergaba un estudio de fotografía ha sido trasladado al Museo Arquitectónico al Aire Libre de Edo-Tokio en la ciudad de Koganei. Incluso sin los edificios de época, la pequeña urbanización de casas de Tokidawai desprende una serenidad única para el noroeste de la ciudad, y la comunidad creada por Komiya Kenichi parece estar ahora sólidamente anclada en el tejido urbano. A diferencia de los barrios del suroeste de la metrópoli, el contraste entre el barrio y la zona circundante es además claramente impactante: en todas las calles alrededor de Tokidawai, nos encontramos con el paisaje urbano típico de los barrios del norte, con sus grandes mansiones impersonales, sus pequeñas casas unifamiliares optimizadas para terrenos minúsculos, sus *pachinkos* y sus *combinis*. Lo que realmente acecha a esta burbuja es el riesgo de ser engullida por un océano de *mansiones*, como lo recuerdan varios carteles con fotos de varias residencias, protestando firmemente contra los proyectos de construcción de grandes complejos residenciales.

---

[1] 小宮賢一, *1911-1990. Arquitecto y urbanista.*

EL MUSEO DE LOS JUEGOS DE VENDEDORES DE DAGASHI

Obras maestras de tiempos antiguos

17-8 Miyamotocho Itabashi-ku (東京都板橋区宮本町17-8)
Cómo llegar: a 10 minutos andando de Itabashi-Honcho (板橋本町), línea
Toei Mita
Abierto lunes, jueves y viernes de 14 a 19 h; sábados y domingos de 10 a 19 h
Cerrado martes y miércoles (si son festivos el museo abre)

En los años gloriosos, hasta los 80, los vendedores de *dagashi* estaban por todo el país, en cada esquina, en el centro de la vida social de los niños nipones a quienes les ofrecían galletas, golosinas y juegos en los que gastarse la paga que se ganaban duramente con algunas tareas de la casa.El Museo de los Juegos de los Vendedores de Dagashi (駄菓子屋ゲーム博物館), que ocupa los locales del centro municipal Kontamura en Itabashi, propone sumergirse de nuevo en ese ambiente, con unos cincuenta juegos de monedas y de medallas (en funcionamiento) de los años 70 y 80, antepasados sin pantalla de los *pinball* y videojuegos de los salones recreativos. Todo está dispuesto con el mayor cuidado para que el visitante se meta en el ambiente particular de la época: hay máquinas de cambio originales para convertir las monedas en medallas y por supuesto se pueden comprar *dagashis*. También tienen en la entrada algunas *gachagachas* antiguas, máquinas de bolas de plástico con regalos sorpresa. Aunque el museo no es realmente un salón recreativo ni un museo auténtico, ofrece la posibilidad de volver fácilmente y de un modo lúdico a unas décadas atrás.

EL CAMINO PEATONAL
DEL *DANCHI* DE KIRIGAOKA

En el trazado de la antigua vía ferroviaria del arsenal de Kirigaoka

Cerca de 3-17 Kirigaoka Kita-ku (東京都北区桐ヶ丘 3-17)
Cómo llegar: a 20 minutos andando de Akabane (赤羽), líneas JR Saikyo, JR Keihin-Tohoku, JR Takasaki, JR Utsunomiya, JR Shonan-Shinjuku, o parada de autobús Akabane-Toeijutaku (赤羽都営住宅), líneas Kokusai-Kogyo 赤50, 赤 51, 赤53, 赤56, 赤57 desde Akabane

En el enorme *danchi* de Kirigaoka, justo detrás del edificio hexagonal del gimnasio, en el lado opuesto a las pistas de tenis, un camino peatonal se adentra en el sinuoso pasillo verde. Tiene una curiosa decoración, como si estuviese cubierto de traviesas de tren. El camino peatonal retoma en realidad el trazado de una antigua vía ferroviaria de transporte militar, que comunicaba las diferentes instalaciones del sector antes

de la guerra (ver p. 150). Este ondulante camino se prolonga hasta el parque municipal de observación de la naturaleza de Akabane, también situado en un antiguo terreno militar, que pasó a manos de las fuerzas de autodefensa japonesas después de la guerra. Rehabilitado como parque natural en 1999, su objetivo es reproducir el entorno natural del barrio antes de la intervención del hombre. Una empresa noble y muy ambiciosa.

LA FÁBRICA DE SAKE KOYAMA-SHUZO

La última fábrica de sake en la ciudad

26-10 Iwabuchi-Machi Kita-ku (東京都北区岩淵町26-10).
Cómo llegar: a 5 minutos andando de Akabane-Iwabuchi (赤羽岩淵), línea Tokyo Metro Nanboku
Visitas y degustaciones una vez por semana (generalmente los miércoles), previa reserva por fax en el 03-3902-3453 o por internet en www.koyamashuzo. co.jp/kura.php

A la altura de la salida 3 de Akabane-Iwabuchi, la ruta 122, también conocida como Kita-Hondori, va al norte y a Saitama y atraviesa el barrio de Iwabuchi-Machi. En el 38-23 de esta carretera hay un edificio que se parece un poco a una seta y que a las mentes más imaginativas les puede recordar a Moto-Azabu Hills. Alberga la sede de Keiaisha, una importante empresa de reciclaje de coches. Al otro lado de la carretera, justo antes de llegar al puente de Shin-Arakawa-Ohashi, hay una pequeña tienda de sake blanca en el 26-9, Koyama-Shiuten (小山酒店), junto a la parte trasera de una

fábrica de sake. Koyama-Shuzo (小山酒造), que elabora el sake *Marushin-Masamune* (丸眞正宗), es la única fábrica de sake, dentro de los 23 distritos, que sigue funcionando y utiliza agua bombeada a más de 100 metros bajo tierra. Una vez a la semana (generalmente los miércoles) se puede asistir, previa reserva, a visitas y degustaciones de unos cuarenta minutos de duración. El acceso a la bodega no forma parte de las visitas por lo que hay que contentarse con una explicación del proceso de fabricación (en vídeo) a la que le sigue una degustación de sake.

Para los amantes o los curiosos, la tienda Koyama-Shuten (que a pesar de su nombre no está gestionada directamente por Koyama-Shuzo) vende productos de la fábrica vecina. La tienda cierra los martes y los miércoles.

AKABANE HACHIMAN

Boyband y sintoísmo

4-1-6 Akabanedai Kita-ku (東京都北区赤羽台4-1-6)
Cómo llegar: a 10 minutos andando de Abakane (赤羽), líneas JR Saikyo, JR Keihin-Tohoku, JR Takasaki, JR Utsunomiya, JR Shonan-Shinjuku

El santuario de Akabane Hachiman (赤羽八幡神社), situado a 5 minutos andando al norte de Akabane, entre las vías de la línea Keihin-Tohoku, encima del Shinkansen que justo ahí entra en un túnel, es apodado a veces "el protector del norte" por estar situado sobre unas vías y unos viajeros. Las vistas del santuario desde el Shinkansen cuando cruza el *torii* es una foto preciosa. Curiosamente, en el santuario se ven con frecuencia fieles que no son necesariamente aficionados de los trenes, un público más bien femenino y joven, algo un poco sorprendente en

un lugar sintoísta en un barrio que las jóvenes de moda de la capital no conocen necesariamente. La razón de que este santuario sea tan popular entre este público particular tiene su explicación. Aquí, el *fengshui* desempeña un papel muy importante y el santuario ofrece unos *omamoris* para el periodo vicenal *fengshui Kagen-8-un* (下元8運), entre 2004 y 2014, con un diseño muy particular.

Aquí los talismanes llevan un 8, el número de la suerte del periodo vicenal, pero si se coloca horizontalmente, es el signo del infinito. Siendo este símbolo el mismo que usa la *boyband* Kanjani-8, uno ata cabos enseguida.

El santuario goza pues de un estatus muy privilegiado entre las fans de la *boyband* Kanjani Eight (*los eighters*) que se disputan esos *omamoris*. El santuario sigue el juego a estas fans y se ha adueñado del fenómeno sin olvidar puntualizar que la *boyband* inició su carrera en 2004. No puede tratarse de una coincidencia.

ARAKAWA MUSEUM OF AQUA

Todo sobre el Arakawa

5-41-1 Shimo Kita-ku (東京都北区志茂5-41-1)
Cómo llegar: a 10 minutos andando de Akabame-Iwabuchi (赤羽岩淵), línea
Tokyo Metro Nanboku
Abierto todos los días de 9.30 a 17 h (a las 17.30 h de julio a septiembre). Lunes
cerrado. Si el lunes es festivo el museo abre pero cierra al día siguiente. Cerrado
durante las fiestas de fin de año

Para saber todo sobre el río que baña el este de la capital, el Arakawa Museum of Aqua (荒川知水資料館) es un museo gratuito dedicado al Arakawa situado justo enfrente de la antigua esclusa (ver p. 146). Es uno de los museos pequeños y gratuitos más interesantes de la capital.

El museo es muy completo, la primera planta tiene incluso acuarios con peces del Arakawa. Las distintas exposiciones están bien hechas: muestran con pasión y precisión la historia del río, el lugar que este ocupa en la ciudad y el reto de la construcción del canal y de la histórica esclusa. Los fines de semana hay guías voluntarios en el museo que completan el contenido de las distintas exposiciones con anécdotas y explicaciones.

Dada su ubicación y el tema tan específico que aborda no es sorprendente que el museo reciba pocas visitas, salvo la de escolares, a veces. Al final es una visita muy recomendable para comprender mejor cómo los ríos han moldeado y moldean Tokio, sobre todo la parte este.

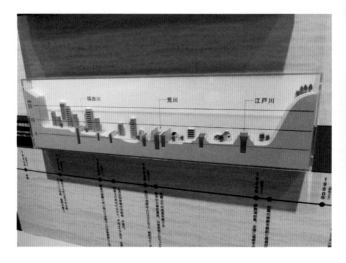

El Arakawa : un río artificial que no pasa por el barrio que lleva su nombre

Curiosamente, el río Arakawa no discurre por el barrio que lleva su nombre. Cuando el barrio se creó, en 1945, el río Sumida se llamaba Arakawa y dio nombre a la nueva división administrativa que delimitaba. La parte aguas abajo, que hoy se llama *Arakawa* (荒川, Río violento) y que desemboca en la bahía de Tokio es en realidad un canal de regulación que se construyó entre 1913 y 1930.

El Arakawa histórico de antes de las obras (el río Sumida histórico) era, como su nombre indica, muy caprichoso. La gran inundación de 1910, que originó el lanzamiento del proyecto, sumió bajo el agua los barrios de Shitamachi, causando más de 1300 muertos.

Las obras faraónicas de excavación del canal, que sufrieron daños con el gran terremoto de 1923, causaron unas treinta víctimas en total. En aquella época la ciudad no era tan grande: el trazado del canal de regulación pasaba por en medio de los campos y hubo que expropiar cerca de mil casas.

El resultado es este curso de agua artificial de 22 km, que supera a menudo los 500 m de ancho y que atraviesa todo el noreste de la ciudad. Inicialmente bautizado como Arakawa-Hosuiro (荒川 放水路, Circuito de des-

congestión del Arakawa), el canal ha ido ganándose poco a poco su sitio en el corazón de los tokiotas y en 1965 se convirtió oficialmente en el lecho principal del Arakawa, así el histórico río pasó a llamarse Sumida. Hoy, las riberas y los diques del Arakawa, transformados principalmente en parques para reducir el riesgo de inundación, ofrecen una bocanada de naturaleza para todo el este de la ciudad y pocos son los visitantes que saben que el río más largo de Tokio no es natural.

LAS ESCLUSAS DE IWABUCHI

Donde nace el río Sumidagawa

5-41 Shimo Kita-ku (東京都北区志茂5-41)
Cómo llegar: a 10 minutos andando de Akabane-Iwabuchi (赤羽岩淵), línea
Tokyo Metro Nanboku
Abierto las 24 horas

Dos impresionantes esclusas, una roja y otra azul, ven nacer las aguas del río Sumidagawa en la bifurcación del Arakawa. A veces llaman a la nueva esclusa de Iwabuchi (新岩淵水門), sencillamente y con toda lógica, "esclusa azul" (青水門). A la vez imponente y elegante, si se juzgase la estética de las esclusas, la nueva esclusa funciona desde 1982. A veces, durante las vacaciones escolares, la iluminan por la noche.

Unos metros río arriba, la esclusa roja queda abierta: es la esclusa histórica, la antigua esclusa de Iwabuchi (旧岩淵水門). Justo debajo, el paseo que bordea el río recuerda los niveles que alcanzaron las aguas en varias crecidas históricas, lo que justifica, con solo un vistazo, el aparente gigantismo de los diques de alrededor. La antigua esclusa se construyó entre 1916 y 1924. Cuando se hundió y quedó inclinada, dejó de ser útil y funcional, pero ha quedado una magnífica obra de ingeniería de la época Taisho.

EN LOS ALREDEDORES
Nakanoshima ⑲
La siega de hierba y la isla embrujada

Se puede llegar a la estrecha isla de Nakanoshima cruzando a pie el corto trozo de río que atraviesa la antigua esclusa. En la isla se alza una estela que conmemora las hazañas de un concurso anual de siega de hierba que se celebró en los diques del Arakawa entre 1938 y 1943, así como una estatua moderna que sorprende a la vista y que se llama poéticamente *Tsuki wo Iru* (月を射る, *Apuntar a la luna*).

La antigua esclusa y esta pequeña isla tienen fama de estar embrujadas: los espíritus de las personas que se ahogaron en el Arakawa estarían encerrados en la esclusa. A principios de agosto de 2013 un pescador murió alcanzado por un rayo, por si alguien duda del carácter maldito del lugar.

LOS JARDINES
DE KYU-FURUKAWA TEIEN

Una espléndida residencia occidental al borde de un altiplano

1-27-39 Nishigahara Kita-ku (東京都北区西ヶ原1-27-39)
Cómo llegar: a 5 minutos andando de Nishigahara (西ヶ原), línea Tokyo Metro Nanboku
Abierto todos los días de 9 a 17 h. Cerrado del 29 de diciembre al 1 de enero

Cerca de la estación de Nishigahara, los Jardines de Kyu-Furukawa Teien (旧古河庭園) no están por una vez dentro de la propiedad de una residencia señorial de la época Edo, sino dentro de un jardín de peonías, que el estadista Mutsu Munemitsu[1] convirtió en su residencia durante la restauración Meiji. Murió en ella en 1897. La residencia pasó luego a manos del barón Furukawa Toranosuke[2], que participó en la creación de la diversificación del poderoso *Zaibatsu* Furukawa[3], que mandó construir una gran casa a la occidental en 1917 según los planos del arquitecto londinense Josiah Conder[4]. Los jardines abrieron al público en 1956 y la residencia fue restaurada en los años 80. En el límite del altiplano de Musashino, hoy destaca sobre el jardín a la europea y el jardín japonés situados más abajo. El conjunto es muy agradable y está perfectamente cuidado. Disfrutar de café en lata sentado en un banco, admirando la *mansión*, permite escaparse unos instantes del ajetreo de la ciudad, aún cuando los alrededores del jardín son muy tranquilos.

[1] 陸奥宗光, *1844–1897. Estadista de la Restauración Meiji, diplomático y ministro, negociador del tratao de Shimonoseki.*
[2] 古河虎之助, *1887–1940.*
[3] 古河財閥. *Uno de los Zaibatsus de la preguerra, desmantelado durante la ocupación, ancestro entre otros de Fujitsu.*
[4] *1852-1920.*

LA PLACA DEL MONTE ASUKA

La montaña más baja de la metrópolis

1-1-3 Oji Kita-ku (東京都北区王子1-1-3)
Cómo llegar: a 5 minutos andando de Oji (王子), línea JR Keihin-Tohoku,
Tokyo Metro Nanboku o Toei Tramway Arakawa
El parque abre las 24 horas. Ascargo abre todos los días de 10 a 16 h, cierra del
29 de diciembre al 3 de enero y el 1er jueves de cada mes entre las 10 y las 12 h
por mantenimiento

El distrito de Kita reivindica muy seriamente, y oficialmente, que el monte Asuka reciba el título de la montaña más baja de la ciudad, con sus solo 25,4 m de altura, a saber unas decenas de centímetros menos que el monte Atago con sus 25,7 m (ver p. 44). Aunque la GSI (Geospatial Information Authority of Japan) no ha incluido el monte en la lista de las montañas de la metrópolis, alegando una falta de espacio en sus mapas, el distrito ha colocado de todas formas una marca en el suelo de la cima del monte que recuerda su altura. El desnivel entre el punto más bajo y el punto más alto del recorrido es de solo 17,5 m, atravesado por el monorraíl del parque de Asukayama (alias Ascargo), una sorprendente cabina automatizada de 16 plazas, de las cuales 6 son sentadas, que desde 2009 transporta pasajeros gratuitamente en unos 2 minutos en el cortísimo trayecto de 48 m que separa la carretera de la cima del monte Asuka.

La cabina está climatizada y es espaciosa, o sea, todo confort. El parque de Asukayama, donde está el monte, es uno de los primeros parques de la ciudad. Se creó a la vez que el parque de Ueno pero es un poco menos conocido (aunque sea muy agradable y, como su primo, sea uno de los lugares destacados de los cerezos en flor), y se extiende a lo largo de las vías al sur de la estación de Oji. El parque alberga un monumento al empresario Shibusawa Eiichi[1] así como su residencia y su librería, ambas de época y catalogadas como bienes culturales importantes.

[1] 渋沢栄一, 1840-1931. Hombre de negocios, fundador de muchas empresas, institutos y universidades, cuya gran parte sigue existiendo hoy. Shibusawa es considerado uno de los padres del capitalismo japonés moderno.

LOS VESTIGIOS DE LA FÁBRICA DE MUNICIONES DE JUJO

Municiones para los caza Zero

Biblioteca Municipal Central de Kita
1-2-5 Jujodai Kita-ku (東京都北区十条台1-2-5)
Cómo llegar: a 15 minutos andando de Oji (王子), línea JR Keihin-Tohoku,
Tokyo Metro Nanboku o Toei Tramway Arakawa o a 10 minutos andando de
Jujo (十条), ligne JR Saikyo
Abierto de lunes a sábado de 9 a 17 h. Cerrado domingos, festivos, el 1er, 3er y
5º lunes de mes y el 4º jueves de mes y del 29 de diciembre al 4 de enero

Abierta en 2008 al noreste del parque Chuo, la Biblioteca Municipal Central de Kita (北区立中央図書館) tiene un café con una terraza muy agradable protegida por una fachada de ladrillo rojo.

Estos ladrillos rojos son restos del edificio nº 275 de la fábrica de Jujo del Primer Arsenal de Tokio del Ejército de Tierra (東京第一陸軍造兵廠・十条工場), que fabricaba sobre todo municiones para los famosos caza Zero.

El edificio estaba dentro del recinto de la base vecina de la JSDF[1], que lo devolvió al distrito Kita. El resto de los edificios de época del arsenal fueron destruidos cuando reformaron la base.

El Primer Arsenal

El antiguo emplazamiento de la Fábrica de Jujo del Primer Arsenal de Tokio del Ejército de Tierra (東京第一陸軍造兵廠・十条工場) sigue definiendo el conjunto del paisaje urbano de los alrededores del parque Chuo. Una fábrica de cartuchos establecida en 1905 durante la guerra ruso-japonesa que se ha convertido con los años en uno de los principales centros militares de producción de Tokio. La fábrica ocupaba unas cien hectáreas cubriendo principalmente (pero no únicamente) el actual parque Chuo y la base de Jujo de las Fuerzas de Autodefensa. En su época dorada, la fábrica contaba con unos 40 000 trabajadores y fabricaba municiones, radios y explosivos. A pesar de los repetidos ataques sobre Takinogawa, bombardeada unas diez veces, y de la importancia estratégica de este blanco, la fábrica sufrió pocos daños. En cuanto acabó la guerra el ejército americano ocupó la fábrica sin dilación. La parte norte fue devuelta a Japón en 1958, y en ella se instaló la llamada Base de las Fuerzas de Autodefensa.

El Centro Cultural de Kita: la antigua sede de la Fábrica de Municiones del Primer Arsenal

En medio del parque Chuo, el elegante edificio blanco de arquitectura occidental es el Centro Cultural del Parque Chuo (中央公園文化センター).

Construido en 1930, el edificio fue la sede de la Fábrica de Municiones del Primer Arsenal antes y durante la guerra. Después de la guerra, se convirtió en el cuartel general pacífico de la Agencia de Seguridad del Ejército Americano (ASA).

Un hospital americano abrió aquí en 1968 y el edificio se convirtió en uno de los símbolos de oposición civil a la guerra de Vietnam en Japón, con manifestaciones casi diarias. En 1971, Japón recuperó la gestión del terreno. Hay un antigua caldera de la fábrica expuesta en la fachada este del edificio.

Justo al lado del antiguo arsenal está el flamante campus del Liceo Francés Internacional de Tokio, que, tras varios años de negociaciones, abrió sus puertas en 2012 donde estuvo el Liceo Profesional de Comercio de Ikebukuro. Al parecer una fábrica de lanas ocupó este lugar al terminar la guerra.

---

[1] *Japan Self-Defense Force, Fuerzas de Autodefensa de Japón* (自衛隊).

LA ESTELA CONMEMORATIVA DEL MOLINO DE PÓLVORA DEL SEGUNDO ARSENAL

Vestigios de la Armada Imperial

1-10 Kaga, Itabashi-ku (東京都板橋区加賀1-10)
Cómo llegar: a 10 minutos andando de Shin-Itabashi (新板橋), línea Toei Mita

Importado de Bélgica a finales del siglo XIX, un imponente molino de pólvora (圧磨機圧), vestigio del pasado militar de los alrededores de Itabashi, ha sido transformado en estela conmemorativa, justo detrás del gimnasio de Higashi-Itabashi en el 1-10 Kaga.

El molino mezclaba salitre, carbón y azufre a través de un mecanismo que las aguas del río Shakujii movían. Un pequeño panel explica el funcionamiento del antiguo molino.

El curioso monumento está dedicado a Sawa Tarozaemon[1], el fundador del arsenal. Militar del sogunato enviado a Europa para estudiar la fabricación de la pólvora, Sawa participó en la fundación de la efímera república de Ezo junto con fuerzas del sogunato que se oponían a la restauración.

El segundo arsenal de Tokio

Los dominios de la residencia secundaria del muy poderoso clan Maeda de Kaga, que en la época Edo se extendían sobre 72 hectáreas (más que el actual parque de Yoyogi), pasaron a ser rápidamente de uso militar en la restauración Meiji. En 1876 crearon un arsenal del ejército de tierra y en 1940 un gran centro de fabricación de municiones con la gigantesca fábrica de Itabashi del segundo arsenal de Tokio de la Armada Imperial, una posición de dominio en torno al río Shakujii que proporcionaba un acceso directo a la red navegable de la ciudad.

El lecho del Shakujii, afluente del Sumida, fue reacondicionado para limitar los riesgos de inundación y dada su poca anchura hubo que excavar un verdadero cañón de varios metros de profundidad.

El terreno de la residencia del clan Maeda tiene una estela conmemorativa muy banal situada en el pequeño Parque Kaga que recuerda la gran época señorial, cuando el terreno ocupaba gran parte de los alrededores del 1 y 2 Kaga así como del 3 y 4 Itabashi. La colina del parque es artificial: es un vestigio del jardín de la residencia, que ha perdido por completo su esplendor histórico. El terreno, y por lo tanto el segundo arsenal, se extendían hasta la línea Saikyo.

EN LOS ALREDEDORES
El instituto Noguchi

Vestigios militares

El instituto Noguchi (野口研究所), un instituto de investigaciones biológicas fundado en 1941, ocupó el recinto donde estuvo el segundo arsenal en la Shakujiigawa, después de la guerra de 1946. El instituto, en el 1-8-1 Kaga, se puede visitar, previa reserva, y en él se descubren otros vestigios militares de la época en la que el arsenal estuvo activo, como por ejemplo un conducto de hormigón donde se probaban las municiones. El conducto se puede ver desde el exterior del instituto.

En el parque Kaga situado al lado del instituto, el muro de ladrillo y mortero también servía de diana para probar las municiones.

---

[1] 澤太郎左衛門, *1834-1898.*

LOS VESTIGIOS DE ITABASHISHUKU

La primera parada de la Nakasendo

Cerca del 47-12 Nakajuku Itabashi-ku (東京都板橋区仲宿47-12)
Cómo llegar: a 10 minutos de Itabashi-kuyakushomae (板橋区役所前), línea Toei Mita

La sobria y curiosa estela negra junto al supermercado Life en el 47-12 Nakajuku señala el *honjin* de Itabashishuku, el corazón del primer *shukuba* de la antigua ruta Nakasendo donde los señores descansaban en su viaje desde o hacia Edo.

La estación de Itabashihoncho está cerca del extremo norte del *shukuba*. La Nakasendo histórica está en esta zona, ligeramente al este de la larga y moderna Nakasendo, en una calle comercial concurrida,

bordeada de pequeñas tiendas a la antigua por las que vale la pena deambular. Itabashi-shuku se extendía sobre 2 km de norte a sur. Su parte central, Nakajuku, se transformó cuando abrieron la estación de Itabasahi, mucho más al sur, con la idea de retener a los pasajeros. Al final de la era Meiji, tras ser parcialmente destruido por un gran incendio en 1884, Nakajuku se convirtió en uno de los barrios de placer más grandes de la capital.

Si presta un poco de atención localizará algunos muros de época de ladrillos (más resistentes al fuego) en las tiendas, relicarios de este Itabashishuku transformado. En el 40 Nakajuku, queda incluso una tienda de arroz prácticamente intacta de la era Taisho, que hoy alberga una agencia inmobiliaria.

Las paradas de las rutas de Edo

Cinco rutas principales que atravesaban el país fueron restauradas en la época Edo. Empezaban en un punto "cero" situado en Nihonbashi y permitían principalmente que los señores de las provincias llevasen a cabo el *sankin-kotai* (参勤交代), la alternancia de residencia entre Edo y la provincia, dejando con el sogún a su familia como rehén. Otras rutas secundarias se adentraban más lejos en el país, pero estas cinco rutas eran las arterias principales de los intercambios económicos y culturales.

Estaban llenas de áreas de descanso, los *shukubas* (宿場), donde los viajeros, y por supuesto los séquitos señoriales, podían descansar, y que otorgaban al sogunato los medios de controlr los flujos de bienes y personas en el país. En el centro de los *shukubas* estaba el *honjin* (本陣), donde el señor tenía su cuartel general. Los cuatro primeros *shukubas* de las rutas que entraban en Edo definían de hecho las fronteras de la ciudad. Al sur, Shinagawa (ver p. 61) abría la ruta de Tokaido, probablemente la más importante del país, que unía Edo y Kioto por la costa del Pacífico. Al noroeste, Itabashi (ver p. 154) en la ruta de Nakasendo, también llevaba a Kioto, pero por las montañas. Al oeste, Naito-Shinjuku (ver p. 168), el *shukuba* más reciente de Edo, era la primera parada en la ruta de Koshu-kaido, que llevaba a la provincia de Kai (la actual prefectura de Yamanashi). Por último, la Nikko-kaido, donde bifurcaba la ruta de Oshu-kaido en los alrededores de Utsunomiya, avanzaba hacia el norte. Senju (ver p. 196) era la primera parada común de las dos rutas. Con la llegada del ferrocarril a finales del siglo XIX y con el final de los séquitos señoriales, estas cuatro áreas de descanso perdieron importancia y fueron muriendo lentamente, sin embargo quedan en la ciudad algunos vestigios interesantes de lo que los grandes centros económicos representaban en la época Edo.

ENKIRI ENOKI

Para dejar de fumar o dejar a su novia

18 Honmachi Itabashi-ku (東京都板橋区本町18)
Cómo llegar: a 10 minutos andando de Itabashi-Honmachi (板橋本町), línea Toei Mita
Abierto las 24 horas

Un árbol, situado en el 18 Honmachi, en la Itabashi-shuku, ha sido, durante tiempo, objeto de un culto bastante particular. Enkiri Enoki (縁切榎, almez de la ruptura), concedería, según la leyenda, los deseos de quienes quieren dejar atrás algo o romper con alguien.

Para dejar de fumar o de beber, romper con su novia que se aferra desesperadamente o deshacerse de un colega pesado, hay que venir aquí.

Los textos de los *emas* alineados en el minúsculo recinto confirman claramente que los visitantes están a menudo desesperados. Aquí, no es cuestión de éxito o de paz en el mundo. El objetivo puede ser cualquier cosa y de cualquier tipo: separarse de un ex, de una esposa, dejar un trabajo, superar una enfermedad, etc.

Según la tradición popular, se trituraban trozos de corteza que luego se bebían en infusión. Los troncos de los almeces que vemos hoy (cuya corteza está protegida para evitar que la gente se lleve trozos) son de la tercera generación, plantados en un lugar muy distinto al ilustre ancestro. Se puede ver un trozo de corteza de almez de la segunda generación incrustada en una lápida. El almez original ardió en la época Meiji.

El almez era uno de los árboles sagrados de un santuario que veneraba a Tenma. Único almez en una fila de *zelkovas*[1] para unos y árbol en cuyo lugar Jikigyo Miroku[2] quiso despedirse de su esposa e hijos antes de partir al monte Fuji para otros, la razón por la que se le asocia a la separación es objeto de debates.

La (mala) reputación de este lugar está tan asentada que incluso cuando la Princesa Chikako de Kazu[3] bajó a Edo por la ruta de Nakasendo en 1861 para casarse con el 14º sogún, hubo que construir un desvío para evitar que pasase por delante del árbol de mal agüero.

---

[1] *Tipo de árbol.*
[2] 食行身禄, *1671-1733. Religioso de la época Edo, promotor de una creencia sobre el monte Fuji.*
[3] 和宮親子内親王, *1846-1877. Apodada a menudo "Princesa Kazunomiya", hija de Ninko, 120º emperador.*

Shibuya / Shinjuku

WASEDA EL DORADO

Modernismo catalán en Waseda

517 Waseda Tsurumakicho Shinjuku-ku (東京都新宿区早稲田鶴巻町517)
Cómo llegar: a 3 minutos andando de Waseda (早稲田), línea Tokyo Metro Tozai
Acceso a la zona residencial cerrado al público

Waseda El Dorado, que alberga una peluquería de caballeros en la primera planta, es un pequeño edificio residencial de 5 plantas construido en 1984 cerca del campus principal de Waseda por Von Jour Caux y su equipo. Su apariencia externa recuerda a las obras de Gaudí en Barcelona, aunque un poco más excéntrica. La fachada en la que luce un reloj es todo menos discreta. Angulosa y curva, con una decoración abundante y variopinta, sorprende por sus numerosos detalles desfasados, máscaras y misteriosas esculturas de cuerpos están incrustadas en las fachadas y unos increíbles balcones curvos de hierro forjado completan el conjunto. Un precioso mosaico de un diablo sacando la lengua recibe a los visitantes y a los residentes del edificio. Los muros del vestíbulo también están decorados con mosaicos de colores vivos. Aquí todo es curvo, un poco orgánico, lleno de colores y vidrieras. Al fondo del pasillo, un gigantesco brazo cuelga del techo, última gran sorpresa antes de llegar a la zona reservada a los residentes. El Dorado está habitado y no se puede pasar del vestíbulo.

Para más información sobre Von Jour Caux, ver p. 94.

EL MINIMUSEO
DEL TSUMAMI-KANZASHI

Decoraciones plegadas

Hills Ishida Appt 401, 4-23-28 Takadanobaba Shinjuku-ku (東京都新宿区高田馬場4-23-28 ヒルズ ISHIDA 401号)
Cómo llegar: a 2 minutos andando de Takadanobaba (高田馬場), líneas JR Yamanote, Tokyo Metro Tozai, Seibu Shinjuku
Abierto únicamente miércoles y sábados de 10 a 17 h

El Minimuseo del Tsumami-kanzashi (つまみかんざし博物館), que ocupa un apartamento reformado, trata de la sutil y desconocida artesanía de los adornos para el pelo hechos de trozos doblados y elaborados de seda pintada.

El *tsunami-kanzashi*, un arte que hoy solo dominan un puñado de artesanos apasionados, es una variante bicentenaria tokiota del *kanzashi*. En 1993, Ishida Takeshi[1], artesano descendiente de un artesano de Kanzashi, decidió abrir un pequeño taller en su casa hoy reconocido como un "minimuseo" por el distrito de Shinjuku.

Aunque el edificio tiene ascensor, para subir a la 4ª planta donde está el museo, se recomienda subir por las escaleras que tienen algunos paneles que explican el arte del *kanzashi*.

Con un poco de suerte, es el dueño del lugar quien recibe a los visitantes y contesta a las preguntas de los curiosos. Aunque la pequeña exposición permanente solo tiene una docena de obras expuestas en una vitrina de cristal, es suficiente para descubrir y apreciar el nivel de detalle de las creaciones. Además Ishida expone a veces en los grandes almacenes (el museo informa de ello).

No hay tienda en el museo pero se pueden comprar *kanzashis* en internet. Se organizan regularmente cursos para quienes desean iniciarse en esta elegante artesanía. El taller no se puede visitar.

[1] 石田毅司, *1959-*.

HAKONE-YAMA

En las alturas de la ciudad

Toyama Shinjuku-ku (東京都新宿区戸山) en el parque de Toyama-Koen
Cómo llegar: a 15 minutos andando de Waseda (早稲田), línea Tokyo Metro
Tozai, o Nishi-Shinjuku (西新宿), líneas Toei Oedo o Tokyo Metro Fukutoshin
Abierto las 24 horas

Al sur del parque de Toyama, Hakone-Yama (箱根山), a 44,6 m de altura, es el punto más alto del interior de la Yamanote. Las vistas desde la cima de esta pequeña colina son agradables y heterogéneas, sin por ello ser excepcionales. En segundo plano, los rascacielos de Shinjuku emergen apenas por encima de las copas de los árboles del parque.

En la cima, una sencilla placa recuerda la altura. La colina, artificial, se erigió en la época Edo por orden de Tokugawa Mitsutomo[1] de la rama Owari del clan Tokugawa. Se construyó con tierra de la excavación de un estanque artificial que constituía el centro de un jardín de recreo que reproduce la carretera de Tokaido. La colina se ha revalorizado convirtiéndose en una copia del monte Hakone, por el que pasa la carretera de Tokaido. A los pies de la colina, una estela recuerda la escuela militar que antes de la guerra ocupaba una gran parte del parque. Hoy queda un pabellón sobreelevado hexagonal para los conciertos en el exterior de la sección musical de la escuela. La Iglesia Unificada de Cristo en Japón de Toyama también está a los pies de Hakone-Yama, y hace las veces de guardería. La iglesia se construyó en 1950, tras cerrar la escuela militar, en el lugar donde estaba el comedor de los oficiales del que queda una parte de la estructura de ladrillo, a la altura de los cimientos de la iglesia.

Restos óseos debajo del Centro de Investigación de Enfermedades Infecciosas

En 1989, durante las obras de construcción del actual Centro de Investigación de Enfermedades Infecciosas, adyacente al parque, se encontraron restos óseos de un centenar de personas. Como las obras se realizaban en el mismo lugar que la escuela médica militar, el descubrimiento hizo estallar la polémica, sobre todo cuando los análisis revelaron que las víctimas, al parecer no japonesas, fueron objeto de experimentos médicos. El origen de estos restos humanos, teniendo en cuenta que la tristemente célebre unidad 731[2] operó bajo los auspicios de los laboratorios de las enfermedades infecciosas de la escuela, hace correr ríos de tinta. Una antigua enfermera militar confirmó en 2006 haber enterrado partes de cuerpos humanos tras la rendición en 1945, lo que obligó a realizar otras excavaciones en el parque en 2011, que no produjeron nuevos hallazgos pero que causaron un gran revuelo.

---

[1] 徳川光友, *1625-1700.*
[2] *Unidad militar en Manchuria a cargo del desarrollo de armas biológicas.*

ICHIGAYA FISH CENTER ④

Pescar peces rojos y carpas en los fosos exteriores del castillo de Edo

1-1 Ichigayamachi Shinjuku-ku (東京都新宿区市谷町1-1)
Cómo llegar: a 2 minutos andando de Ichigaya (市ヶ谷), líneas Tokyo Metro Yurakucho, Tokyo Metro Nanboku, Toei Shinjuku o JR Chuo/Sobu
Horario: de 9.30 a 20 h de lunes a viernes y de 9 a 20 h sábados, domingos y festivos

No muy lejos del parque de Sobotori, que bordea los antiguos fosos del castillo de Edo y está a unos metros del bullicio de la estación

de Ichigaya, el Ichigaya Fish Center (市ヶ谷フィッシュセンター IFC) tiene una tienda de peces exóticos y una selección de acuarios, algas y objetos de todos los precios y orígenes para los amantes de los acuarios. El centro permite sobre todo que la gente pueda olvidar las dificultades y los pequeños problemas de la vida diaria ofreciendo sesiones de pesca de pago, en corrales (muy) pequeños de pesca en los fosos del castillo.

Una vez pescados los peces tienen que ser liberados ya que el objetivo no es comerlos sino desconectarse y aliviar estrés con una actividad menos cara que un karaoke. Los más pequeños o los más inseguros pueden apuntarse a una sesión de pesca de peces rojos.

EL DIORAMA DE NAITO-SHINJUKU ⑤

En la entrada oeste de la ciudad

22 San-ei-cho Shinjuku-ku (東京都新宿区三栄町22), en el Museo de Historia de Shinjuku
Cómo llegar: a 5 minutos andando de Yotsuya-Sanchome (四谷三丁目), línea Tokyo Metro Marunouchi
Abierto de 9.30 a 17.30 h. Cerrado el 2º y 4º lunes de mes. Si el lunes es festivo, el museo abre pero cierra al día siguiente. Cerrado del 29 de diciembre al 3 de enero. Cierres ocasionales en diciembre

Aunque tres de las cuatro áreas de descanso históricas (ver p. 155) de las rutas importantes que salían de Edo, Itabashi (ver p. 154), Senju (ver p. 196) y Shinagawa (ver p. 61) dejaron algunos restos bien visibles en la ciudad, los más insólitos son los vestigios de Naito-Shinjuku (内藤新宿).

La mejor manera de entender lo que fue el primer *shukuba* en la ruta Koshu-Kaido en la época Edo (de hecho, la entrada oeste de la ciudad en la época), es visitar el Museo de Historia de Shinjuku.

Tiene un diorama muy logrado de una instantánea en miniatura de la actividad del *shukuba* que antaño ocupaba el impresionante espacio desde el cruce de Yotsuya 4-chome, donde estaba el punto de control del sogunato de Yotsuya Okido (四谷大木戸), hasta el cruce de Shinjuku 3-chome, cerca de la actual Shinjuku-Dori.

Al contrario que el resto de *shukuba*s grandes, el de Naito-Shinjuku sufrió algunos altibajos. Los viajeros que iban y venían del oeste eran históricamente menos numerosos. Siguiendo una ruta que invadía el terreno de una residencia del clan Naito, el *shukuba* se inauguró en 1699, a saber, un siglo después de que se instaurase el sogunato (de ahí su nombre, *Shinjuku*, 新宿, Nueva parada). 20 años después, y tras haber sobrevivido a dos incendios importantes, cerró sus puertas al no recibir suficientes viajeros. Finalmente Shinjuku volvió a abrir en 1772 y fue ganando importancia progresivamente hasta convertirse en uno de los núcleos económicos de la ciudad. Las grandes obras de construcción y ampliación de la avenida Shinjuku-Dori acabaron con su cierre definitivo.

EN LOS ALREDEDORES
El Enma de Taisoji ⑥

El templo de Taisoji (太宗寺) está ligeramente al norte del centro histórico del *shukuba*, en el 2-9-2 Shinjuku. El recinto del edificio alberga una estatua de madera de Enma muy imponente de 5 m de altura, instalada en 1814 y apodada el Enma de Naito-Shinjuku. Es uno de los escasos vestigios de época del área de descanso de Koshu-Kaido. Sin embargo, su cuerpo es de 1933. El cuerpo fue restaurado tras sufrir serios daños en el gran terremoto de Kanto. Justo al lado de Enma hay una estatua de Datsue-ba de apariencia aterradora.

GUNKAN HIGASHI-SHINJUKU ⑦

Un edificio con forma de buque de guerra

1-1-10 Okubo Shinjuku-ku (東京都新宿区大久保1-1-10)
Cómo llegar: a 5 minutos andando de Higashi-Shinjuku (東新宿), línea Tokyo Metro Fukutoshin o Toei Oedo
A veces se puede entrar

Diseñado en 1970 por Yoji Watanabe[1], el edificio Gunkan Higashi-Shinjuku (GUNKAN東新宿), el antiguo New Sky Building nº 3, es un monumento de la arquitectura japonesa del siglo XX que estuvo a punto de desaparecer.

Prácticamente abandonado hasta los años 2000, este edificio que recuerda a un buque de guerra estaba casi en ruinas y con muchas probabilidades de ser destruido. Un cambio de propietario y una reforma integral permitieron salvar el edificio que volvió a abrir en 2011.

Hoy, Gunkan Higashi-Shinjuku alberga oficinas compartidas y alojamientos en régimen de alquiler compartido. Todos los días se organizan (o se juegan) en el edificio varias partidas de *Ajito of Scrap*[2] en las que se puede participar si se domina el japonés.

La fachada que da a la avenida Shokuan-Dori es muy estrecha y no permite apreciar el edificio en todo su imponente tamaño. El buque, que han vuelto a pintar de un azul verdoso, es más impresionante de lejos, acercándose, por ejemplo, desde el este y los alrededores de la estación de Higashi-Shinjuku.

Cabe destacar que el interior del edificio -cuyo acceso es privado-, es especialmente estrecho y recuerda al interior de un submarino dada la escasa luz natural que deja pasar la distribución de los espacios.

EN LOS ALREDEDORES
Toyama Heights ⑧
Un pueblo que envejece en el corazón de la Yamanote

A unos minutos a pie de Gunkan-Higashi Shinjuku, el *danchi* poco frecuentado de Toyama Heights (戸山ハイツ) es el mayor complejo de viviendas públicas gestionado por la Metrópolis del interior de la Yamanote. A Toyama Heights le afecta directamente el fenómeno de envejecimiento del país, casi la mitad de sus residentes son mayores de 65 años. No son pocos los que fallecen solos.

La situación es tal que el complejo ha sido descrito como un *genkai-shuraku* en pleno corazón de la Yamanote. Pasear por las aceras de los distintos bloques de edificios permite tomar de nuevo conciencia de que Tokio no es solo una ciudad joven.

---

[1] 渡邊洋治, 1923-1983. Se alistó en 1944 en Filipinas como soldado de asalto anfibio, una experiencia que le marcó para su obra arquitectónica que a veces recuerda al movimiento metabolista.

[2] Juego de rol y de "evasión" cada vez más popular desde finales de 2000, que se juega en una habitación cerrada. En el juego se reparten distintos pistas para permitir que los participantes "escapen".

LA FUENTE PARA CABALLOS
DE LA SALIDA ESTE DE SHINJUKU

⑨

Una fuente regalada por Londres en 1906

3-38-1 Shinjuku Shinjuku-ku (東京都新宿区新宿3-38-1)
Cómo llegar: Shinjuku (新宿), varias líneas de transporte público

En la plaza este de la estación más concurrida del mundo, bajo el reflejo de los neones y de la gigantesca pantalla del estudio Alta, en uno de los lugares más atestados de la ciudad, se alza una fuente original en la que tal vez muchos residentes no han reparado. Esta fuente para caballos (馬水槽) de mármol rojo es un regalo de la red de abastecimiento de agua municipal de Londres en 1906.

Instalada primero delante del antiguo ayuntamiento de la ciudad de Tokio en Yurakucho, la trasladaron a su ubicación actual en 1964 en plena preparación de las Olimpiadas. La fuente tienes tres niveles, los caballos bebían en la parte más alta, los perros y los gatos en la más baja, y una tercera fuente situada detrás calmaba la sed de los transeúntes.

La fuente ya no se puede usar y ahora es un simple monumento. Que los sedientos no se preocupen porque es relativamente fácil encontrar de beber en Shinjuku.

EN LOS ALREDEDORES

Los misteriosos pilares de refuerzo de Lumine Est ⑩

Estación abandonada de la Seibu-Shinjuku

El centro comercial Lumine Est ocupa buena parte del edificio de la estación JR East de Shinjuku. Cabe destacar los impresionantes pilares de refuerzo sobre la salida este (en la planta baja, donde están los dispensadores de billetes), cuya robustez parece un poco excesiva.

La explicación está ligada a la historia de la línea Seibu-Shinjuku que tenía que haberse prolongado hasta Shinjuku. El edificio que alberga el Lumine, abierto en 1964, fue diseñado para acoger los andenes en la segunda planta y los pilares debían soportarlos.

Lamentablemente, los andenes en cuestión resultaron ser muy cortos para acoger los trenes de Seibu y asimilar el enorme tránsito de pasajeros así que abandonaron el proyecto dejando tras ellos estos pilares, vestigios abandonados de una planificación equivocada.

La línea Seibu-Shinjuku

La línea Murayama, antecesora de la Seibu-Shinjuku, abrió en 1927 con Takadanobaba (高田馬場) como estación final de línea. La prolongaron hasta una estación final provisional, Seibu-Shinjuku, en 1952, convirtiéndose en la única línea privada de la Yamanote en una parte de su trayecto. En aquel momento renombraron la línea.

Cuando abandonaron el proyecto de prolongación de la línea hacia Shinjuku en 1964, la estación final de Seibu-Shinjuku estaba lo suficientemente alejada del nudo ferroviario de Shinjuku como para romper la dinámica y limitar el interés por la línea, haciendo que sea una buena opción para descubrir un tramo menos conocido del oeste de Tokio.

RURIKOIN BYAKURENGEDO

Un espectacular remanso de paz en el corazón de Shinjuku

2-4-3 Yoyogi Shibuya-ku (東京都渋谷区代々木2-4-3)
Cómo llegar: a 5 minutos andando de Shinjuku
Horario: de 10 a 18 h. Miércoles cerrado. Visitas guiadas de 11 a 14 h

En una calle estrecha detrás del hotel Sunroute Plaza, el templo Rurikoin Byakurengedo (瑠璃光院白蓮華堂) es un impresionante edificio de cemento lleno de juegos de luz y de sonido, construido a base de ángulos y de curvas. El templo es la rama tokiota del templo Komyoji de la secta Jodo-shinshu.

Abierto a finales de septiembre de 2014, este templo muy moderno evoca una flor de loto salpicada de ventanas repartidas de modo irregular. El templo alberga entre otras cosas (y principalmente) un cementerio.

Es un lugar excepcional donde se puede hallar un poco de paz dentro del caos de uno de los barrios más agitados de la ciudad, a saber, del mundo. El interior del templo, con seis plantas comunicadas por ascensores, combina elegancia, sencillez y sofisticación. Una de las salas alberga una reproducción de un fresco del templo Horyuji, desaparecido en un incendio en 1949. El templo tiene pensado convertirla en una sala de exposiciones más completa.

El templo cuenta con una serie de espacios espirituales arquitectónicamente muy cuidados como la sala principal (el *Hondo*, 本堂), que incluye una reproducción de un fresco de una cueva de Mogao en China, o la amplia sala adyacente sin una función definida (空ノ間, *Kuunoma*), sonorizada por Pierre Mariétan[1]. Construido por Takenaka, el templo ha sido proyectado por el estudio Amorphe de Takeyama Sei en torno al concepto de "no acción" (*mui*, 無為).

---

[1] *1935-. Compositor suizo.*

EL PARQUE MUNICIPAL DE PONIS ⑫ DE YOYOGI

Zanahorias y ponis en plena ciudad

1-1-10 Yoyogi-Kamizonocho Shibuya-ku (東京都渋谷区代々木神園町4-1)
Cómo llegar: a 2 minutos andando de Sangubashi (参宮橋), línea Odakyu
Abierto de 9 a 17 h. Lunes cerrado. Si el lunes es festivo el parque abre pero
cierra el primer día laborable. Cerrado durante las fiestas de fin de año

Justo al lado de las grandes extensiones de vegetación del parque de Yoyogi, el Parque Municipal de Ponis de Yoyogi (渋谷区立代々木ポニー公園) ofrece a los más jóvenes la oportunidad de acercarse a una media docena de ponis en pleno centro de la ciudad. Los niños pueden dar un pequeño paseo de 60 metros en los ponis, varias veces al día, salvo durante el caluroso verano tokiota (de mediados de julio a mediados de septiembre) y en los meses helados de invierno, en enero y febrero. También se puede cepillar a los ponis o darles zanahorias. El parque abrió en 2003, prolongando un experimento puntual del Tokyo Riding Club, situado justo al lado, que hoy gestiona las actividades del parque para el distrito.

Como anécdota, el parque ocupa el emplazamiento del antiguo Parque Municipal de Yoyogi (渋谷区立代々木公園), bajo la jurisdicción del distrito de Shibuya. Su nombre podría confundirse con el Parque de Yoyogi, supervisado por la Metrópolis. Dicho de manera sencilla, hasta 2003 había dos parques de Yoyogi, uno minúsculo y el otro enorme, separados por algunos metros. Ahora ya solo queda uno.

EL ANDÉN IMPERIAL DE HARAJUKU

Una estación para el emperador y su familia

3-58 Sendagaya Shibuya-ku (東京都渋谷区千駄ヶ谷3-58)
Acceso: Harajuku (原宿), línea JR Yamanote
No accesible al público pero se puede ver desde los muelles públicos de Harajuku

Frente a la zona verde del recinto del santuario Meiji, a unos 200 m al norte de la estación pública de Harajuku en la línea Yamanote, hay una segunda estación, mucho menos frecuentada, y con razón: el andén imperial (宮廷ホーム) de Harajuku está reservado a la familia imperial. El andén se construyó en 1925 para que el emperador Taisho, que se desplazaba a menudo en silla de ruedas a causa de su frágil salud, tomase el tren discretamente un poco más alejado del centro para ir a descansar en sus distintas residencias de descanso provinciales.

El emperador Showa y la emperatriz Kojun utilizaron regularmente esta estación única en su género en los 23 distritos. El emperador actual toma a menudo el *shinkansen* "estándar" a la salida de Tokio por lo que el tren y el andén imperial casi nunca se usan (a día de hoy no se ha vuelto a usar desde mayo de 2001). Usar un tren privado afecta mucho a los horarios de los otros trenes y el emperador actual parece ser sensible al efecto negativo que esto podría causar en la población, muy dependiente de este medio de transporte.

El andén imperial es mucho más corto que una estación normal pero tampoco hace falta subir a muchos pasajeros a la vez.

EN LOS ALREDEDORES
El túnel de Sendagaya

Túnel embrujado

Para facilitar el acceso al estadio olímpico nacional durante los juegos olímpicos de 1964, se construyó un túnel justo debajo del cementerio del templo de Senjuin. Durante la perforación del túnel hubo que molestar a los espíritus de los difuntos sacando las tumbas y devolviéndolas a su sitio sobre el túnel al terminar las obras. Desde entonces abundan las leyendas urbanas que se cuentan al anochecer, las historias de los taxistas que se divierten asustando a sus clientes y las anécdotas de la radio que hablan de fantasmas, ectoplasmas y espíritus de largos cabellos que vienen a llorar su sufrimiento a los imprudentes que se atreven a entrar en el túnel.

A pesar de todo esto, sigue habiendo bastante tráfico y un paso protegido permite que los peatones valientes crucen de forma segura los 61 m de túnel. Los muros (algo raro en Tokio) están cubiertos de grafitis.

LA PARTE ALTA DEL RÍO SHIBUYAGAWA

En orillas ocultas

Cómo llegar: línea JR Yamanote, JR Saikyo, JR Shonan Shinjuku, Tokyu Toyoko, Tokyu Den-En-Toshi, Keio Inokashira, Tokyo Metro Hanzomon, Tokyo Metro Ginza, Tokyo Metro Fukutoshin

El río Shibuyagawa (渋谷川) oculta sus primeros kilómetros de cauce bajo la ciudad y sube lentamente a la superficie justo al sur de la estación de Shibuya para luego recorrer a cielo abierto los 7 kilómetros que lo separan de la bahía de Tokio. El distrito ha adoptado el nombre del río[1] por el color de sus aguas que contenían óxidos rojizos.

A menos que llueva fuerte, su caudal es hoy en día muy débil, casi inexistente. Soterrado a principios de los años 60 mientras se preparaban las Olimpiadas, la parte alta y oculta del río, a veces llamada Ondengawa, ha dejado algunos rastros interesantes. Históricamente, el río nace dentro del parque de Shinjuku-Gyoen. Luego, cruza la línea Chuo para

bajar seguidamente hacia el sur bordeando el Estadio Nacional. Aquí, la frontera entre los distritos de Shinjuku y de Shibuya sigue el lecho del río. El río avanza hacia el suroeste por debajo de una carretera que sigue sus meandros antes de atravesar el barrio tan de moda de Ura-Harajuku y sus tiendas de ropa. Cerca del 3-19-1 Jingumae se erguía hasta la era Meiji un molino de agua de casi 7 metros de diámetro, del que se habría inspirado Hokusai para pintar su cuadro *Onden no suisha* (穏田の水 車, *El molino de agua de Onden*). El río se esconde directamente bajo la famosa Cat Street y discurre hacia el sur, explicando así el sinuoso trazado de la carretera. A lo largo de su trazado curvo se hallan algunos paneles históricos de puentes, como por ejemplo el puente Ondenbashi delante del 5-11 Jingumae o el Harajukubashi en el 3-28 Jingumae. Más cerca de Shibuya, el río pasa por debajo del parque alargado de Miyashi-ta-Koen. El antiguo edificio este de los grandes almacenes Tokyu Hands se construyó sobre el lecho del río, y por eso no tenía subsuelo.

Entre los afluentes (escondidos) del Shibuyagawa, el Utagawa nace cerca de la estación de Yoyogi-Uehara y fluye hacia el sureste un poco al oeste de la avenida Inokashira-Dori. A principios del siglo XX se soterró el río poco a poco mientras Shibuya se urbanizaba, hasta desaparecer completamente para las Olimpiadas. Los edificios 1 y 2 de Shibuya de los grandes almacenes Seibu se comunican por pasarelas y el río discurre entre ellos. Antes de que enterrasen el Utagawa lo desviaron una vez: de hecho, su histórico lecho pasaba por debajo de la Center-Gai. El Utagawa se encuentra con el Shibuyagawa a la altura del cruce Miyamasubashi. Las grandes obras de rehabilitación de los alrededores de Shibuya deberían de aprovechar una parte del río para construir un nuevo oasis urbano.

Los ríos ocultos de Tokio

Ahí donde la rápida urbanización se llevó consigo grandes calles y avenidas rectilíneas en las llanuras aluviales del lado este de la ciudad, un terreno un poco más montañoso surcado por numerosos ríos contribuyó a que el trazado de la ciudad moderna del lado oeste fuese mucho menos regular. A excepción de los ríos grandes con sus lechos hormigonados, se enterró una red muy compleja de varias decenas de ríos para dejar sitio a la ciudad que crecía. Para los paseantes curiosos, quedan algunos restos de la histórica red hidrográfica en superficie en forma de parques estrechos y largos o de calles de firme irregular que siguen el trazado de esos ríos a veces olvidados. El Shibuyagawa no es más que un ejemplo de esos ríos ocultos, es corto y relativamente fácil de seguir.

---

[1] 渋谷川 *significa literalmente "Río del valle ocre".*

EL MUSEO DE LA UNIVERSIDAD DE KOKUGAKU-IN

A caballo entre el sintoísmo y la arqueología

Cómo llegar: a 10 minutos andando de Shibuya (渋谷), línea JR Yamanote, JR Saikyo, JR Shonan Shinjuku, Tokyu Toyoko, Tokyu Den-En-Toshi, Keio Inokashira, Tokyo Metro Hanzomon, Tokyo Metro Ginza, Tokyo Metro Fukutoshin
Abierto de lunes a sábado de 10 a 17 h. Cerrado domingos y festivos. Cierres ocasionales según necesidades de la Universidad
Entrada gratuita

Situada a unos pasos de Shibuya, la Universidad Privada de Koku-gaku-in (國學院大學) es una ramificación del Instituto de Investigación Koken (皇典講究所), fundado en la era Meiji y dedicado a la investigación sobre el sintoísmo.

La universidad, más literaria y cultural que científica o matemática, sigue ofreciendo cursos de especialización en sintoísmo. Alberga un museo arqueológico con un enfoque particular sobre la religión, lo que hace que sea un ejemplo casi único.

El museo, aunque es gratuito y la afluencia de visitantes es muy baja, es de una riqueza excepcional y permite comprender mejor los orígenes de la religión indígena del país. Alberga una enorme cantidad de objetos de todo tipo, algunos se remontan a la prehistoria.

Puede que el lado más fálico de algunos objetos relacionados con Tanokami (ver más abajo) no agrade a los más pudorosos, pero la fecundidad y la riqueza de las cosechas son un tema recurrente en el animismo sintoísta.

Aparte de las exposiciones religiosas, el museo presenta una rica colección de cerámicas y objetos arqueológicos, y explora los orígenes del Japón espiritual moderno.

Ta-no-kami: el espíritu protector de los arrozales

Fiel al principio sintoísta donde todo puede ser espíritu, Ta-no-kami (田の神) es la deidad de los arrozales, el espíritu protector de las cosechas, el lado fálico de algunas representaciones ligadas a la fecundidad y a las cosechas que obviamente se desea sean abundantes. La tradición es antigua: deidades agrícolas (Uka-no-mitama-no-kami, Toyo-uke-bime-no-kami y O-toshi-no-kami) ya presentes en los libros *Kojiki* y *Nihonshoki*. Ta-no-kami es una deidad popular, que varía en la forma y en el fondo, que a veces desciende de las montañas en primavera a las zonas escarpadas del país. Su apariencia no suele estar definida. Kyushu tiene estatuas de piedra que lo representan en forma de humano más bien sonriente. En el este del país, Ta-no-kami y Ebisu están sincretizados, mientras que en el oeste se vincula a Ta-no-kami con Daikokuten.

EL EDIFICIO N°1 DE LA ESCUELA TÉCNICA DE AOYAMA

El edificio que quería ser un robot

7-9 Uguisudanicho Shibuya-ku (東京都渋谷区鶯谷町7-9)
Cómo llegar: a 10 minutos andando de Shibuya (渋谷), línea JR Yamanote,
JR Saikyo, JR Shonan Shinjuku, Tokyu Toyoko, Tokyu Den-En-Toshi, Keio
Inokashira, Tokyo Metro Hanzomon, Tokyo Metro Ginza, Tokyo Metro
Fukutoshin • Cerrado al público. Se puede ver desde fuera

A unas calles del bullicioso cruce de Shibuya, la Escuela Técnica de Aoyama (青山製図専門学校) es una escuela privada de diseño que forma arquitectos y diseñadores de interiores desde finales de los años 70.

Obra del arquitecto Makoto Sei Watanabe[1] en 1990, el edificio nº 1 del campus es una sorprendente construcción que destaca claramente de los edificios circundantes, un edificio un poco extravagante y rebuscado que tiene algo de robot de combate de ciencia ficción. De lo que parece el tejado del edificio salen unos tubos metálicos rojizos sujetos a unos cables anclados a lo que podríamos considerar la cabeza de la máquina.

No se puede visitar el interior.

EN LOS ALREDEDORES
La rama de Tokio de Miki Corporation ⑱

La Escuela Técnica de Aoyama no es la única obra arquitectónicamente sorprendente de los alrededores de Shibuya. En el 3-9-7 Shibuya, las oficinas de la rama de Tokio de Miki Corporation, una empresa comercial de Kansai conocida por sus productos a base de ciruela, se construyeron en marzo de 1985 en un edificio muy original situado en un cruce. Takenaka Corporation proyectó y construyó el edificio. Los primeros signos de la burbuja financiera despuntaban en el horizonte durante la construcción del edificio, y eso se nota. Las oficinas ocupan un edificio retranqueado casi sin ventanas aparentes en la fachada principal que da a la calle. El conjunto parece un cruce entre una pirámide antigua y una tienda de los desiertos de Oriente Medio.

---

[1] 渡辺誠. *1952–*.

EL GIRASOL ELECTRÓNICO
DE DAIKANYAMA

Compras bajo los pétalos de una flor solar

17-6 Daikanyamacho Shibuya-ku (東京都渋谷区代官山町17-6)
Cómo llegar: a 5 minutos andando de Daikanyama (代官山), línea Tokyu
Toyoko

En el corazón del lujoso centro comercial de Daikanyama, enfrente de la oficina de correos, se alza un sorprendente Girasol Electrónico (エレクトロニックひまわり) de unos diez metros de alto. Obra del artista polaco Piotr Kowalski[1] en 2000, este girasol decorativo está cubierto de paneles solares y sus pétalos brillan por la noche.

Hay otros muchos objetos de arte urbano en las proximidades, pero no tienen el tamaño del girasol. Por ejemplo, entre dos sesiones de compras, uno puede descansar a los pies de una montaña de guisantes verdes bastante elegantes. Las escaleras traseras de Daikanyama Address, que dan acceso a la torre residencial, están decoradas a ambos lados con objetos de colores curvos del portugués José de Guimarães[2].

En el lado norte del centro comercial hay una pequeña plantación de (auténticos) girasoles en medio de la calle.

El complejo Daikanyama Address, donde se alza el girasol, es un desarrollo inmobiliario terminado en 2000 que realmente lanzó la modernización del barrio. Hoy el barrio se ha convertido en el primo pequeño más en boga y más refinado de Shibuya, coronado en la inauguración en 2011 por el centro cultural T-Site en el 17-5 Sarugakucho. Con un impresionante lobo metálico del lado del jardín, el T-Site también tiene su objeto urbano para decorar el barrio.

[1] *1927–2004.*
[2] *1939–.*

LA MEZQUITA DE TOKIO

Una mezquita estambulita en pleno Tokio

*Cómo llegar: a 5 minutos andando de Yoyogi-Uehara代々木上原), líneas
Tokyo Metro Chiyoda ou Odakyu*
Acceso gratuito
Visitas al centro cultural: todos los días de 10 a 18 h
*Visitas libres a la mezquita (incluso durante las oraciones) para los grupos de
menos de 5 personas. Para los grupos más grandes es necesario reservar*
Visitas gratuitas comentadas en japonés los sábados y domingos a las 14.30 h

El Islam es minoritario pero está presente en Japón. La inmigración desde los países asiáticos con una gran población musulmana como Indonesia o Malasia tiene mucho que ver. Tokio tiene unos doce lugares de culto musulmanes y seguramente el más fotogénico es la Tokyo Camii (東京ジャーミイ), apodada Mezquita de Tokio. La mezquita fue fundada por los tártaros de Kazán[1] que huyeron de la revolución rusa en el Transiberiano, pasaron por Manchuria hasta llegar a Japón en los años 20. El grupo liderado por el imán Bashkir Muhammed-Gabdulkhay Kurbangaliev fundó un colegio musulmán para los hijos de los nuevos inmigrantes a finales de los años 20, que se mudó aquí en 1935. La mezquita se construyó al lado y se inauguró solemnemente en 1938. El edificio original se destruyó en 1986 y en su lugar se construyó, en 2000, un edificio con la ayuda de Turquía (los tártaros refugiados en Japón podían obtener la nacionalidad turca). La mezquita también alberga un centro cultural turco. El estilo muy otomano desentona claramente con las viviendas de alrededor. Todo el mundo puede visitar el interior, incluso durante las oraciones, a condición de vestir sobriamente y de que las mujeres se cubran con un pañuelo.

Shimokita y su desconocido pasado entre nazismo, prostitución y rock and roll

Cerca de la mezquita, Shimokitazawa tiene una historia ajetreada y poco conocida donde se han sucedido el nazismo, la prostitución y el *rock and roll*. En 1941, una delegación de las Juventudes Hitlerianas visitó la zona comercial. A finales de los años 60 el barrio se convirtió en uno de los centros de felación de la capital con sus locales muy especializados. El barrio volvió a cambiar en los años 70 y se hizo más *rock* acogiendo clubes y conciertos punk antes de convertirse, en los años 2000, en un alegre circo variopinto que los jóvenes adoraban. Un proyecto de planificación urbana muy criticado que al final se aprobó en 2006 propone un Shimokita distinto, más limpio, más organizado, más tranquilo, tal vez más fácil de vivir. La empresa ferroviaria Odakyu enterró sus vías unos metros y sustituyó la estación original por una subterránea en marzo de 2013. Una carretera principal debería de pasar justo al norte de la estación dividiendo el barrio. Estos planes de ordenación de un barrio donde reina el caos se han topado sin sorpresa con una fuerte oposición por parte de los artistas que prefieren una organización un poco menos exagerada. Shimokita corre el riesgo de perder su identidad y ya es un poco menos distinto, y está un poco menos desfasado que el resto de la ciudad que hace unos años.

---

[1] *En la actual República de Tartaristán, Rusia, donde la mayoría de la población habla tártaro.*

Edogawa / Katsushika / Adachi

EL PARQUE DE TONERI IKIIKI

Un parque de temática desconocida inspirado en cuentos japoneses

6-3-1 Toneri Adachi-ku (東京都足立舎人6-3-1)
Cómo llegar: a 10 minutos andando de Minumadai-Shinsuikoen (見沼代親水公園), línea Toneri-Liner
Abierto las 24 horas
Entrada gratuita

En pleno corazón de una zona recientemente comunicada con el centro de la capital por la Toneri Liner, el parque de Toneri Ikiiki (舎人いきいき公園) es un parque infantil que abrió a finales de los 90. Al ser poco conocido solo lo frecuentan los vecinos de la zona.

El parque tiene una serie de juegos de exterior basados en los cuentos y leyendas japoneses, como la estatua de pesca en medio del arenero que alude a *Momotaro*, o un castillo del dios del mar Ryujin que los niños pueden escalar y explorar. El pequeño parque también tiene la tortuga que salvó a Urashima Taro o un besugo bailarín que sale en el mismo cuento. La guinda del parque es seguramente el impresionante tobogán rojo con forma de diablo que parece que escupe a los niños que han tenido el valor de subirse a él.

Toneri Ikiiki está lejos de ser un gran parque que atraiga masas pero los temas que aborda son lo suficientemente originales como para hacer una excursión casi cultural con los más pequeños.

EL TRANSMISOR DE ALTA FRECUENCIA DEL PARQUE DE KITASHIKAHAMA

②

Un transmisor para alejar a los granujas

3-26-1 Shikahama Adachi-ku (東京都足立区鹿浜3-26-1)
Cómo llegar: a 25 minutos andando de Nishi-Araidaishi-Nishi (西新井
大師西), línea Toneri-Liner, o a 5 minutos andando de la parada de bus
Sangyodoro-Higashi (産業道路東), línea Kokusai Kogyo 赤23 a la salida de
Nishi-Araidashi-Nishi • Abierto las 24 horas

Como prueba de que la ciudad se toma los problemas de delincuencia en serio, a unos dos kilómetros de la estación de Toneri-Liner hacia el oeste, un poco al norte de la Kan-7, el parque de Kitashikahama (北鹿浜公園) tiene instalado desde mayo de 2009 un transmisor sonoro de alta frecuencia, un poco parecido a los dispositivos anti-ratas. Las frecuencias emitidas (17,6 KHz) son aparentemente inaudibles para los seres humanos, pero insoportables para los granujas, pillos y bribones (en resumidas cuentas, los jóvenes de entre 10 y 20 años) que hasta ahora frecuentaban el parque por la noche. Al mes de instalar el dispositivo, los baños fueron objeto de vandalismo por la noche, obligando al distrito a poner un guardia en 2010 y a dejar de usar el transmisor, que se puede seguir viendo sobre el muro exterior de los baños. Co-

mo anécdota, la cantidad de visitantes del parque subió en 2009 y en 2010 gracias a los grupos de personas que venían a ver si podían escuchar las famosas frecuencias. El parque en sí es un pequeño parque de barrio, familiar y muy agradable, con su pequeño tren, algunas bicis y coches de pedales para alquilar, una antigua locomotora y algunos juegos infantiles. Hay incluso una mini piscina en verano.

Adachi frente a la delincuencia

Desde 2013, el distrito de Adachi ya no tiene el triste récord del número más elevado de crímenes y delitos cometidos, ahora la palma se la lleva Shinjuku. Cabe destacar que los robos de bicicletas representan casi el 30% de las 9000 declaraciones anuales de delitos. La imagen de una zona sin ley, de un distrito sumido en la delincuencia y a merced de los gánsteres es un tanto exagerada. Sin embargo, esa es la fama que arrastra Adachi desde hace muchos años y de la que intenta deshacerse por todos los medios.

EL PARQUE ARQUEOLÓGICO DE IKO ③

Un centro económico de Kanto de hace tiempo…
MUCHO tiempo

4-9-1 Higashi-Iko Adachi-ku (東京都足立区東伊興4-9-1)
Cómo llegar: a 20 minutos andando de Takenotsuka (竹ノ塚), línea Tobu
Skytree Line, o a 5 minutos andando desde la parada de bus Kita-Teramachi
(北寺町) línea Tobu Central 竹04 saliendo de Takenotsuka

El extremo norte de Adachi propone algunas curiosidades para los más curiosos que se han tomado la molestia de venir hasta aquí.

El Parque Arqueológico de Iko (伊興遺跡公園) expone por ejemplo la reproducción a tamaño real de una casa-pozo prehistórica. En una parte del parque, dentro de un pequeño museo de acceso gratuito y muy bien hecho, encontrará reproducciones del modo de vida en las épocas Jomon y Kofun así como hallazgos, principalmente trozos de cerámicas que se han vuelto a pegar, procedentes de excavaciones arqueológicas realizadas en este lugar aparentemente importante.

A menos que coincida con una escuela local que ha salido de excursión ecológica, es bastante probable que esté solo en el museo, que merece una visita, dada la distancia que lo separa de la estación más cercana. Descubrirá que Iko es uno de los centros (pre)históricos importantes del país hasta la época Kofun, y que las cerámicas y los túmulos abundaban.

También es interesante saber que el centro económico, espiritual y cultural de toda la región hace dos milenios estaba, al parecer, a orillas del Kenagagawa y del antiguo río Togegawa, bastante alejado de las torres de Marunouchi, de Yaesu o de Shinjuku.

EN LOS ALREDEDORES
El pueblo de los templos de Iko   ④
Un bloque de templos trasladados después del terremoto de 1923

A unos metros del parque arqueológico, una serie de unos quince templos llamada el pueblo de los templos de Iko (伊興寺町, *Iko Teramachi*) ocupa un bloque completo en el 4-Higashi-Iko. Una pequeña curiosidad del distrito, totalmente desconocida para el resto de la ciudad y del país, es que el bloque en cuestión tiene un aspecto casi kioteño, si no fuese porque las estructuras de los templos son recientes y porque el cemento ha sustituido a la madera.

Estos templos cambiaron de lugar a finales de los años 20 tras el gran terremoto de 1923 dentro del marco del plan de reconstrucción de la ciudad. El conjunto es bastante estético, tranquilo y tan fotogénico que invita a pasear.

En este mismo templo verá la tumba de Keishoin[1], la madre de Tsunayoshi[2], el 5º sogún Tokugawa, así como una estatua de Hotei, una de las etapas de la peregrinación a las siete divinidades de la suerte de Adachi.

---

[1] 桂昌院, *1627-1705. Concubina del 3er sogún, Tokugawa Iemitsu.*
[2] 徳川綱吉, *1646-1709. Sogún de 1680 a su muerte. En el origen de algunas leyes sorprendentes, especialmente el conjunto de leyes Shorui Awaremi no Rei (生類憐れみの令, lit. "Edictos de piedad para con los seres vivos", que prohibían matar animales, lo que provocó una proliferación de perros vagabundos en Edo a finales del siglo XVII.*

LOS *JIZOS* DE NISHIARAI-DAISHI ⑤

Contra las verrugas y los abortos

1-5-1 Nishiarai, Adachi-ku（東京都足立区西新井1-15-1）
Cómo llegar: Daishi-Mae（大師前），línea Tobu-Daishi
Abierto todos los días de 6 a 20 h

No muy lejos de la puerta principal del gran templo de Zojiji, hay una estatua de *Jizo* recubierta de sal dentro de un altar. Parece que esta sal es eficaz contra las verrugas. Hay que frotar con la sal de *Jizo* la verruga que queremos que desaparezca, y cuando desaparezca, devolverle a *Jizo* el doble de sal utilizada. Un poco más lejos se alza otra estatua reluciente de *Jizo*. Mucho menos conocida que su homóloga de Sugamo, este *Jizo* que hay que lavar con agua (延命水洗い地蔵) aporta sobre todo longevidad.

Hay otro *Jizo* importante en el templo, un sobrio *Jizo Mizuko* (水子地蔵) que protege las almas de los niños abortados o que nacen muertos, a saber, todos los que no han tenido la suerte de conocer a sus padres.

Zojiji : el único templo de Tokio para la « protección contra el mal »

Zojiji, alias Nishiarai-Daishi (西新井大師), está lleno de historias y tradiciones. Es uno de los templos más importantes en el ámbito espiritual para el norte de la ciudad y uno de los Tres Grandes Templos de Kanto de protección contra el mal (関東厄除三大師) de la secta Shingon. Es el único en Tokio. Tras un incendio devastador en 1966, se reconstruyó el edificio principal en 1972 aunque la puerta principal es original y data de finales de la época Edo.

EN LOS ALREDEDORES
La línea Tobu-Daishi   ⑥
Dos paradas y un kilómetro de trayecto

Inaugurada en 1931, la línea de ferrocarril Tobu-Daishi es una curiosa línea con dos paradas que cubre apenas un kilómetro. La línea, que da servicio al templo de Zojiji con la parada Daishi-Mae (大師前), es lo que queda de un proyecto del siglo XX cuyo objetivo era unir Nishiarai con Itabashi. El terremoto de 1923, la excavación del Arakawa, la crisis y la guerra trastocaron mucho la planificación y la construcción y solo dejaron una minúscula abertura metálica sobre una distancia que podría recorrerse andando. Incluso acortaron la línea para dejar sitio a la carretera kan-7, antes de dejarla definitivamente inacabada en 1964, aunque todavía hay algunos aficionados que sueñan con un norte de Tokio donde los trenes circulan hasta Itabashi y más allá. Considerando la poca frecuencia de los trenes, casi siempre es más rápido ir andando entre Nishiarai y Daishi-Mae. Es importante saber que no hay máquinas expendedoras de billetes en Daishi-Mae y que la estación suele estar totalmente vacía, no hay controladores ni vigilantes.

LOS VESTIGIOS DEL *SHUKUBA* DE SENJU

Los restos de la entrada más grande de la ciudad

Cerca de 3-33 Senju Adachi-ku (東京都足立区千住3-33)
Cómo llegar: a 5 minutos andando de Kita-Senju (北千住)*, líneas JR Joban, Tokyo
Metro Chiyoda, Tokyo Metro Hibiya, Tobu Isezaki (Skytree Line), MIR Tsukuba Express*

El *shukuba* de Senju (千住宿場), históricamente el primero y el más importante de los cuatro *shukubas* principales en la salida de Edo (ver p. 155), se extendía sobre unos 3 kilómetros desde el norte del puente Senju-Onashi a lo largo de la ruta hacia Mito y Nikko. El *honjin* estaba en el 3-33 Senju y hoy una simple estela lo recuerda. Una placa en la calle de al lado recuerda brevemente su historia.

La histórica ruta se ha convertido en una concurrida y estrecha calle comercial, la Shukubamachi-Dori. Gran parte del *shukuba* ha desaparecido pero el barrio está lleno de templos, de algunos santuarios y de algunos edificios muy viejos. No es difícil pasarse el día caminando por este barrio, a menudo totalmente desconocido para los turistas, en busca de los numerosos vestigios ocultos de la gran época

Machi no Eki, un minúsculo centro gratuito, que detalla los múltiples rastros ocultos del *shukuba* ocupa el lugar de una antigua pescadería en el 3-69 Senju. En este centro se pueden conseguir mapas con los distintos lugares históricos que siguen en pie. En el 4-28-1, descubrirá por ejemplo un increíble edificio de un vendedor de papel del periodo Edo en excelente estado (aún habitada y no visitable). Se pueden ver otras casas históricas en el 5-19-11 y en el 5-6-7. En el 5-22-1, la clínica Nagura ocupa el lugar de un *honetsugi* del siglo XVIII.

Para comprender mejor el *shukuba*, en la 10ª planta del centro comercial Marui de la estación, justo enfrente de la salida de los ascensores, se alza una imponente reproducción a escala 1/50 de una pequeña parte de la estación.

Tras desaparecer el *shukuba*, Kita-Senju ha logrado ser un centro de transporte importante desde que llegó el tren, contrariamente a Itabashi-Shuku (ver p. 154) y a Shinagawa-shuku (ver p. 61).

LAS ESTATUAS DE BRONCE DE *KOCHIKAME*

Todo va bien en el parque de Kameari

Hacia el 36-5 Kameari Katsushika-ku (東京都葛飾区亀有36-5)
Tren: estación de Kameari (亀有)*, línea JR Joban*
Abierto las 24 horas

Recordando que el enérgico y muy torpe policía de barrio y sus colegas velan por la paz en el barrio, catorce estatuas de personajes del manga *Kochikame* (亀有) están repartidas por los alrededores de la estación de Kameari (亀有). Hay 5 estatuas en total en el lado norte (entre ellas la del protagonista Kankichi Ryotsu, alias Ryo) y 9 en el lado sur. *Kochikame*, cuyo verdadero nombre es *Kochira Katsushikaku Kameari Koenmae Hashutsujo* (こちら葛飾区亀有公園前派出所, *Aquí la comisaría del parque de Kamerari del distrito de Katsushika*) es el manga más largo de la historia en cuanto al número de ejemplares editados: todavía en librerías, su primer número semanal se publicó en el número 42 del *Weekly Shonen Jump* en septiembre de 1976. Una decepción para los fans cuando descubren que no hay ninguna comisaría delante del parque de Kameari, situado a unos cincuenta metros al norte de la estación: la comisaría más cercana está justo en la salida norte de la estación.

En realidad, el famoso parque es casi un parque normal y corriente con su arenero para niños, su columpio y su castillo de madera: un parque de barrio residencial como muchos otros. Afortunadamente, un Ryo de bronce ocupa uno de los bancos, asegurándose sin duda de que todo está en orden, y otro Ryo posa feliz ante la cámara de fotos.

Ubicación de las estatuas

Persona	Lugar de la estatua
Ryotsu Kankichi 両津勘吉	Explanada de la estación, lado norte
Reiko Catherine Akimoto 秋本・カトリーヌ・麗子	Junto a la comisaría, estación salida norte
Ryotsu Kankichi 両津勘吉	En el cruce de Kameari Ketsueki Center Mae 5-14 Kameari
Ryotsu Kankichi 両津勘吉	En el parque de Kameari 36-5 Kameari
Ryotsu Kankichi 両津勘吉	En un banco del parque de Kameari 36-5 Kameari
Ryotsu Kankichi 両津勘吉	Delante de los baños de la explanada de la estación, estación salida sur
Ryotsu Kankichi 両津勘吉	En el banco de una parada de autobús de la estación salida sur
Nakagawa Keiichi 中川圭一	Delante del centro comercial Lilio 2 3-29 Kameari
Akimoto Catherine Reiko 秋本・カトリーヌ・麗子	Entre Lilio y las vías del tren, estación salida sur 3-26 Kameari
Ryotsu Kankichi 両津勘吉	Delante del edificio Truth 3-18-4 Kameari
El trío de niños Ton, Chin, Kan トン・チン・カン (Kankichi de niño)	Delante del edificio 3-15-8 Kameari
Honda Hayato 本田速人	En la carretera 467 3-13-1 Kameari
Ryotsu Kankichi 両津勘吉	En la carretera 467 2-63-7 Kameari
Ryotsu Kankichi 両津勘吉	En el recinto del santuario Katori-Jinja 3-42 Kameari

LA ESTATUA ATADA DE *JIZO*

Un cordón para seguir en pareja o para evitar que nos roben

En el templo Nanzoin
2-28-5 Higashi-Mizumoto Katsushika-ku (東京都葛飾区東水元2-28-5)
Cómo llegar: a 15 minutos andando de Kanamachi (金町), línea JR Joban, o a 3 minutos andando de la parada de bus Shibarare-jizo (しばられ地蔵) línea Keisei 金61 saliendo de Kanamachi
Abierto todos los días de 9 a 16 h

En el templo Narihirasan Nanzoin (業平山南蔵院), cerca del parque Mizumoto, se alza una curiosa estatua de piedra de un metro de alto de un *Jizo* completamente atado con varias capas de cordones, hasta el punto de que a veces no se le ve la cara.

Este *Jizo* es de principios del siglo XVIII, y según la tradición hay que atarle un cordón pequeño para pedir que se cumpla un deseo y luego desatarlo cuando el deseo se ha cumplido. Evidentemente, el *Jizo* es más bien famoso por hacer realidad los deseos donde "la atadura" es importante: contra el robo, para retener a alguien e impedir que se marche, etc. Se pueden coger los cordones, aportando una pequeña donación, justo al lado de la estatua.

Además del *Jizo*, detrás del agradable jardín del Nanzoin, muy bien cuidado, hay un auténtico *suikinkutsu*.

Históricamente situado cerca del emplazamiento actual de la Skytree, el Nanzoin sufrió varios daños durante el terremoto de 1923. El templo y el *Jizo* tuvieron que mudarse aquí.

El Jizo atado: uno de los grandes casos policiales de la época Edo

El *Jizo* atado fue protagonista de de uno de los casos policiales más importantes de la época Edo a principios del siglo XVIII. En la historia, un día de verano, un vendedor de telas se quedó dormido en el recinto del templo que protegía el *Jizo* y le robaron todas las telas mientras dormía. El magistrado Oooka Tadasuke (ver p. 43), encargado del caso, ordenó que detuvieran al *Jizo*, que faltó a su deber de vigilar el recinto. Los curiosos se congregaron en el despacho del funcionario y el magistrado, cambiando de tono, impuso a todos los mirones una multa a pagar con telas por haber entrado en el edificio sin permiso. Al comparar con el vendedor los trozos de tela de los mirones, el magistrado logró al fin desmantelar la red de ladrones. Agradecieron al *Jizo* su ayuda en la investigación y lo pusieron en libertad.

Koaidame, ¿una disputa territorial entre Saitama y Tokio?

A apenas 200 m al norte de Nanzoin, el embalse de Koaidame en el parque de Mizumoto (el parque más grande de los 23 distritos, algo que no se suele recordar) se construyó a raíz de una pequeña disputa entre Tokio y Saitama. Para el distrito de Katsushika, el embalse pertenece íntegramente al parque, por lo que la frontera con la ciudad de Misato en la prefectura de Saitama está en la orilla del lado de Misato y el embalse está en Tokio.

Como para Misato el embalse (aunque sea artificial) debería de ser tratado como un río, la frontera entre Tokio y Saitama está en medio del embalse de Koaidame. A día de hoy, no se ha encontrado ningún campo petrolífero bajo el embalse y las reservas pesqueras se componen presumiblemente de peces y crustáceos de río que no requieren negociaciones de alto nivel, y es probable que la disputa no empeore. En el extremo este del parque y del embalse se puede ver una divertida exposición permanente de peces rojos promovida por el distrito de Katsushika que reúne unos mil peces multicolores de diversas especies en unos cuarenta estanques al aire libre.

La frontera entre Saitama y Tokio atraviesa la exposición y, técnicamente, solo una parte de los estanques están en Tokio (ahí, todo el mundo está de acuerdo).

EL PARQUE DE LAS ORILLAS DEL HIKIFUNEGAWA

Pasear por un canal soterrado de Edo

4-1 Hikifunegawa Katsushika-ku (東京都葛飾区亀有4-1)
Cómo llegar: a 10 minutos andando de Yotsugi (四ツ木), línea Keisei Oshiage
Abierto las 24 horas

Aunos 800 metros al noroeste de Yotsugi, tras cruzar la carretera 6, el cinturón verde por el que a veces corre un riachuelo (*Hikifunegawa*, 曳舟川, Río de los barcos remolcados) es todo lo que queda de un canal de la época Edo. El canal era un eje de transporte hacia finales de la época Edo y principios de la Meiji por el que navegaban barcos remolcados desde las orillas por hombres o animales, de ahí su nombre. Aunque el canal era mucho más largo, hoy el cinturón mide tres buenos kilómetros y llega casi a Kameari. El cinturón verde es un parque municipal alargado, el bien llamado Parque de las orillas del Hikifunegawa (曳舟川親水公園). El río que corre en la actualidad es artificial dado que soterraron el canal hace mucho.

El parque está salpicado de numerosas atracciones pequeñas y sencillas y de descripciones históricas recogidas en paneles explicativos. El río tiene unos pocos metros de profundidad, lo suficiente para que los niños puedan darse un chapuzón en verano en los tres sitios reservados para ello sin que los padres tengan de qué preocuparse.

EN LOS ALREDEDORES
El Museo Municipal de Katsushika ⑪

La traducción inglesa oficial del nombre del Museo Municipal de Katsushika (葛飾区郷土と天文の博物館) que bordea el parque y está en el 3-25-1 Shiratori, no hace justicia al tono poético del nombre original japonés. Más que un simple museo de historia, se trata de un "museo local y astronómico": un museo local pero ecléctico, que alberga a la vez un planetario y una colección de objetos históricos, incluidas unas estatuillas prehistóricas del barrio. El museo es un cajón de sastre en el buen sentido de la palabra: exposiciones sobre Mars Explorer, un péndulo de Foucault, un telescopio solar, una reproducción de Katsushika en su época agrícola, la vida en el barrio en los años 50…

ESTATUAS DEL CAPITÁN TSUBASA ⑫

Oliver, Tom y sus amigos siguen en forma

1-22-3 Yotsugi Katsushika-ku (東京都葛飾区四つ木1-22-3)
Tren: Yotsugi (四ツ木), línea Keisei Oshiage • Abierto las 24 horas

Al oeste de la estación de Yotsugi, en el 1-22-3 Yotsugi, el Parque Yotsugi Tsubasa Koen es un nuevo pulmón verde de la ciudad, rehabilitado a finales de marzo de 2013. El parque es conocido sobre todo por una estatua de bronce de Ozora Tsubasa, Oliver Atom en la versión española, héroe de un manga y dibujo animado de fútbol (*Capitán Tsubasa*, キャプテン翼, *Campeones: Oliver y Benji en España*), para los que no lo conocen o se han olvidado. El autor, Takahasi Yoichi[1], es del barrio y el distrito necesitaba algo para atraer a los visitantes a esta zona muy poco frecuentada. La estatua de Oliver no es la única: hay otras siete de los personajes del dibujo animado repartidas en los alrededores entre Yotsugi y Tateishi, hay algunas en la carretera, como la pequeña estatua de Nakazawa Sanae (Patty Haydee, en español), y otras más lejos, como por ejemplo en el Parque de Shibue, justo después de cruzar las vías del tren de la estación de Keisei, donde se alza una estatua de Misaki Taro (Tom Baker).

Las estatuas

Personaje (japonés)	Personaje (español)	Lugar y ubicación de la estatua
Ozora Tsubasa (大空翼)	Oliver Atom	En el Parque Yotsugi Tsubasa Koen 1-22-3 Yotsugi
Ishizaki Ryo (石崎了)	Bruce Harper	A la altura de las vías del tren cerca del punto de servicio municipal 1-15-1 Yotsugi
Hyuga Kojiro (日向小次郎)	Mark Lenders	En el Parque Yotsugi Koen 1-16-24 Yotsugi
Roberto Hongo (ロベルト本郷) con Ozora Tsubasa	Roberto Zedinho	Cerca de la escalera del puente peatonal 2-3-3 Yotsugi
Nakazawa Sanae (中沢早苗)	Patty Haydee	Delante de Correos 2-28-1 Yotsugi
Misaki Taro (岬太郎)	Tom Baker	En el Parque de Shibue 3-3-1 HigashiTateishi
Wakabayashi Genzo (若林 源三)	Benji Price	En la calle 4-28-14 Tateishi
Ozora Tsubasa (大空翼)	Oliver Atom	En el parque infantil de Tateishi 1-21-6 Tateishi

LA ESTATUA DE LA FÁBRICA DE PAPEL DE CHIKUSA

Kewpie viene de aquí

3-3-1 Higashi-Tateishi Katsushika-ku (東京都葛飾区東立石3-3-1)
Cómo llegar: a 10 minutos andando de Keisei-Tateishi (京成立石), línea Keisei Honsen
Abierto las 24 horas

En uno de los rincones del parque de Shibue, una estatua un poco sorprendente de tres muñecas recuerda que el parque ocupa el lugar de una antigua fábrica de juguetes: la fábrica de celuloide de Chikusa (千種セルロイド工業).

Abierta en 1914, la fábrica marca el punto de partida de la industria del celuloide de Katsushika, que sostuvo el desarrollo industrial del distrito antes de la guerra. La fábrica produjo en masa la legendaria muñeca del bebé Kewpie, antes de que se prohibiese el celuloide en los años 50 dada su alta inflamabilidad, un defecto muy molesto para un material usado en juguetes para niños.

Kewpie y Kewpie, ¡no son lo mismo!

En el inconsciente colectivo japonés, el bebé mofletudo que creó Rose O'Neill en 1909 está íntimamente ligado al fabricante de mayonesa Kewpie Corporation, que lo usa como logo. Sin embargo, Kewpie Corporation nació 10 años después del bebé y no empezó a fabricar la mayonesa hasta 1925. Aprovechando el pequeño personaje, al principio el fabricante usó un nombre popular con, sin embargo, una pequeña variante.

El personaje se llama Kewpie, en japonés *Kyupi* (キューピー), el nombre del fabricante se pronuncia igual pero se escribe literalmente *Kiyupi* (キユーピー), oficialmente por "decisión gráfica". Para complicarlo un poco más, hasta 2010 Kewpie Corporation se escribía en inglés Q.P., antes de adoptar la ortografía actual. En resumen, Kewpie y Kewpie, no son lo mismo.

EN LOS ALREDEDORES
El tobogán de Shibue   ⑭

Tobogán ultralargo

El parque de Shibue, que se construyó en el terreno de la fábrica cuando esta cerró, es un lugar de diversión para las familias de los alrededores, sobre todo para los residentes de dos imponentes torres de viviendas municipales de Yotsugi 4-chome y sus veinte plantas, situadas justo enfrente del parque. Shibue también tiene un campo de flores muy estético y fotogénico en temporada, pistas de tenis, y toda una serie de juegos para niños que incluye un sorprendente tobogán ultralargo (abierto en los años 60) al que se pueden subir varios niños a la vez. Entre la estatua de Tom Baker (ver p.205), la estatua de la fábrica de Chikusa y este tobogán, Shibue es un parque casi ideal para una salida en familia.

LA PIEDRA VERTICAL DE TATEISHI ⑮

Piedra sagrada en medio de las casas

8-37-17 Tateishi, Sumida-ku (東京葛飾区立石8-37-17)
Cómo llegar: a 10 minutos andando de Keisei-Tateishi (京成立石), línea Keisei Honsen
Abierto las 24 horas

Protegida por un *torii* escondido en un parque infantil en el 8-37-17 Tateishi, la piedra *Tateishisama* (立石様, Piedra vertical), que dio su nombre al barrio, está en medio de un grupo de casas colectivas.

La piedra, probablemente un resto de poste que antaño sirvió para señalar un camino, ahora sobresale apenas de la superficie pero en la época Edo se veía de lejos. El hundimiento del suelo al este de la ciudad más, al parecer, los supersticiosos que venían a llevarse un trozo del poste para protegerse durante las guerras de Rusia y la guerra sino-japonesa, han reducido la piedra a su tamaño actual: un mero trozo de piedra bajo un suelo arenoso pero que, sin embargo, está muy bien protegido. Sin explicaciones sobre su origen, el pequeño cercado que rodea esta parte del parque podría resultar ser bastante misterioso.

EN LOS ALREDEDORES
Tateishi Nakamise ⑯
Una galería de los años 60

Justo enfrente de la estación de Tateishi, lado sur, hay dos galerías comerciales cubiertas que difieren mucho de las galerías tradicionales de la ciudad. La primera (Tateishi Eki Dori - 立石駅通り商店街) es interesante, pero la segunda, Tateishi Nakamise (立石仲見世), es la que merece una visita más larga. Fundada en 1945, en la época caótica de la construcción, Nakamise sencillamente apretó el botón "pausa" en los años 60. Aunque no es la más larga y ni de lejos la más visitada, es una de las galerías cubiertas más sorprendentes de la ciudad en la que se suceden figones y tabernas en un universo que parece casi salido de un libro de historia, donde se relatarían los sufrimientos de la posguerra y de principios del milagro económico. En el lado sur, en un escaparate, algunas fotos en blanco y negro recuerdan la historia del barrio que creció con la industrialización tardía y con las fábricas de celuloide (ver p. 207). El lugar es mágico para quien sabe apreciarlo. El ambiente retro también llega hasta las calles más al sur de la avenida Okudo Kaido (奥戸街道), detrás de la galería. Varias otras tiendas se van añadiendo al paisaje y la ciudad se vuelve a sumergir poco a poco en su torpeza residencial a medida que nos alejamos de la estación.

EL PLANETARIO DEL TEMPLO DE SHOGANJI

Planetario pero también enanos, ballena y triceratops

7-11-30 Tateishi Katsushika-ku (東京都葛飾区立石7-11-30)
Cómo llegar: a 5 minutos andando de Tateishi (京成立石), línea Keisei
Oshiage o a 8 minutos andando de Aoto (青砥), línea Keisei Honsen
Abierto todos los días de 8.30 a 16.30 h
Proyecciones el primer y tercer sábado de mes a las 15 h
Reservas en www.gingaza.jp/

En el 7-11-30 Tateishi, en pleno nuevo Shitamachi, no muy lejos del espectacular complejo para eventos Katsushika Symphony Hills con sus estatuas en honor de la música clásica, el templo de Shoganji abrió en 1996 un planetario pequeño pero genuino llamado Gingaza (銀河座). El primer y tercer sábado de mes a las 15 h el templo organiza una proyección para 25 afortunados, acompañada de explicaciones dadas en un estilo casi cómico (en japonés). Es obligatorio reservar (en internet) para ver el espectáculo. El recinto del templo es también bastante peculiar y roza la excentricidad, a imagen de Kasuga Ryo[1], el sacerdote responsable del lugar. La presencia, junto a la estatua de león que protege el templo, de dos estatuillas de enanos, blanqueadas por el tiempo, procedentes directamente del mundo Disney, también puede llegar a desconcertar. Una sorprendente estatua de chasmosaurus (una especie de dinosaurio cercano al triceratops) del otro lado del edificio principal sirve de guardián gemelo del león. Por último, no se pierda la enorme nave espacial en la pared del edificio que alberga el planetario, así como el fresco de ballena, nada discreto tampoco.

[1] 春日了.

LOS DIQUES GIGANTES DEL RÍO EDOGAWA

Muros para contener las aguas

Cerca del 6-22-19 Shibamata Katsushika-ku (東京都葛飾区柴又6-22-19)
Cómo llegar: a 15 minutos andando de Shibamata (柴又), línea Keisei-Kanamachi

Los desbordamientos de los ríos en Tokio pueden causar daños considerables en una amplia zona muy llana que, además, se ha densificado de manera significativa desde hace un siglo. Aunque la inundación de 1917 "solo" causó 260 muertos, hoy el riesgo es mucho mayor. Para proteger Tokio (y Chiba) de los caprichos de la ciudad, se han construido gigantescos diques en el río Edogawa. Estos diques son tan grandes que, paradójicamente, a veces es difícil verlos si uno no se fija bien.

Junto al famoso templo Taishakuten, la parte alta del parque de Shibamata (柴又公園) es un buen lugar para ver mejor el tamaño de estas estructuras. Abierto en 1997, este parque de una hectárea cubre la estructura de un dique, aquí concluido. Hay también un panel que explica lo que son los superdiques (スーパー堤防), unas moles de unos 10 m de altura y unos 200 a 300 metros de largo.

La estructura del dique integra el Museo de Tora-san (葛飾柴又寅さん記念館) dedicado a Kuruma Torajiro (車寅次郎), héroe de la prolífica serie cinematográfica *Otoko ha tsurai yo* (男はつらいよ, *Es duro ser un hombre*), oriundo de Shibamata.

Tokio, una ciudad ganada al mar

La historia de Tokio está marcada por su continua expansión sobre la bahía desde la época Edo. El castillo en el que se instaló Tokugawa Ieyasu a finales del siglo XVI, y donde se construiría el Palacio Imperial, estaba enfrente de la ancha desembocadura del río Hirakawa, Hibiya Irie (日比谷入江). Frente al castillo, del otro lado de la desembocadura, más o menos a la altura de la estación de Tokio moderna, se extendía Edomaeshima, un banco de arena. Más lejos, hacía el este, se sucedían estanques y pantanos. Las orillas de la bahía estaban apenas más al sur que el trazado de la línea Sobu moderna. El sogunato inició enseguida unas obras faraónicas para desecar y desviar los ríos con el fin de absorber el crecimiento de una ciudad cuya población reventaba. Tsukiji (築地, Tierra construida) nació en 1658 y gran parte de los barrios icónicos del distrito de Chuo salieron de las aguas o se hicieron habitables en el siglo XVII. Detrás de Sumidagawa, la ciudad creció poco a poco hacia el sur mientras se llenaba de canales (el Onagigawa a la cabeza) para facilitar el transporte de mercancías por barco.

Las obras prosiguieron a buen ritmo durante las eras Meiji y Taisho hasta principios de la era Showa. Al sur, la ciudad se extendía tranquilamente hacia el este. Los alrededores de Shiomi salieron de las aguas de la bahía en el siglo XX, antes de que estallara la guerra, y la ciudad llegó hasta Toyosu. Tras la guerra, el ritmo se aceleró, Odaiba creció en los años 60 y 70 y la construcción del Rainbow Bridge se inició en 1987 y finalizó en 1993. Detrás del Gate Bridge y más lejos en las aguas, Chuo-Bohatei (ver p. 296) es el trozo de tierra más reciente que Tokio le ha ganado al mar.

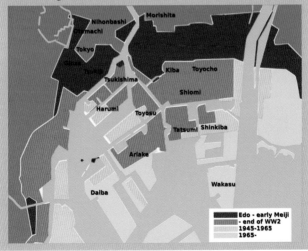

EL OBSERVATORIO DEL TOWER HALL FUNABORI

Unas vistas originales de las llanuras del este

4-1-1 Funabori Edogawa-ku (東京都江戸川区船堀4-1-1)
Cómo llegar: Funabori (船堀), línea Toei Shinjuku
Observatorio abierto de 9 a 21.30 h

A unos metros al norte de la estación de Funabori, el Tower Hall Funabori (タワーホール船堀), inaugurado en 1999, es un complejo municipal con una torre de 115 m. El complejo tiene salas para eventos y salas de cine pero también, y sobre todo, un observatorio en la cima de la torre. La entrada es gratuita y ofrece unas vistas muy despejadas de 360 grados ya que hay muy pocos edificios altos alrededor. La única estructura más alta en el distrito es la enorme noria del diamante y de las flores cuyos 117 m de altura se ven hacia el sur en el parque de Kasai-Rinkai. Las vistas hacia el oeste llegan al centro de Tokio y su extensión urbana, con el monte Fuji como telón de fondo cuando el tiempo lo permite. Un poco más cerca, las aguas del río Arakawa y la Skytree imponen su presencia. La apertura hasta tarde del observatorio permite disfrutar de unas espléndidas vistas nocturnas desconocidas de la ciudad, con un original ángulo.

EN LOS ALREDEDORES
Zenshinsha ⑳
Fortaleza revolucionaria

Un poco al este de la ruta 308, en pleno corazón de las calles residenciales de líneas rectas del distrito de Edogawa, a unos 20 minutos al norte de Funabori, el curioso edificio protegido por una gruesa chapa verde en Matsue 1-12-7 es oficialmente la sede de la Editorial Zenshinsha (前進社). En realidad, es la sede del Comité Nacional de la Liga Revolucionaria Comunista (革命的共産主義者同盟全国委員会), apodado *Chukaku-ha* (中核派, Facción central). Fundado en los años 50, *Chukaku-ha* es un grupo de extrema izquierda anticapitalista, antiestalinista, antiimperialista que defiende la revolución a través de la violencia. Todavía muy arraigado en algunos campus universitarios y aún activo a pesar de los múltiples y regulares arrestos entre sus miembros, ha reivindicado varios incendios y atentados con bomba a veces mortales, sobre todo en los años 70 y 80. En su lista de acciones figuran algunas espectaculares como un ataque con lanzacohetes al palacio de Akasaka durante la cumbre de Tokio en 1986. Algo menos de un centenar de activistas residen a tiempo completo en esta pequeña plaza de armas, fortaleza de los tiempos modernos y escenario muy habitual de redadas policiales.

LA PUERTA DE LA ANTIGUA ESCLUSA DE KOMATSUGAWA

Cuando unos ríos se hunden

9-9 Oshima Edogawa-ku (江戸川区大島9-9)
Cómo llegar: a 10 minutos andando de Higashi-Ojima (東大島), línea Toei Shinjuku
Abierto las 24 horas

En el parque de Komatsugawa, una estructura recuerda mucho a las almenas de una pequeña fortaleza medieval medio enterrada. La curiosa construcción es en realidad la parte superior de una de las puertas de la antigua esclusa de Komatsugawa (小松川閘門).

Construida en 1930, unió los ríos Nakagawa y Arakawa hasta los años 70. Efectivamente, ambos ríos no estaban a la misma altitud, sobre todo tras el hundimiento de la ciudad (ver p. 281).

Hoy, la diferencia de nivel entre ambos ríos es de tres metros, y ahora es la esclusa Arakawa Lock Gate (荒川ロックゲート), situada un poco al sur del parque de Komatsugawa y terminada en 2005, la que permite la navegación entre el antiguo Nakagawa y el Arakawa.

Se puede subir en la estructura del Arakawa Lock Gate por un corto tramo de escaleras, y llegar así a un pequeño observatorio sobre el Arakawa. Abajo, un pequeño panel explicativo recuerda la importancia de la excavación del canal.

EN LOS ALREDEDORES

El Museo del Funabansho de Nakagawa ㉒

Canales de Edo

Dedicado al tráfico en los canales y ríos de Edo y a la historia de la pesca en los alrededores, el Museo del Funabansho del Nakagawa, en el 9-1-15 Oshima, está situado a unos cincuenta metros de un antiguo puesto de control fluvial (船番所, *Funabansho*) de la época Edo, que estaba a su vez situado en aquel entonces en la histórica intersección del Onagigawa, del Nakagawa y del Funaborigawa. El museo es pequeño, muy local y muy especializado en su temática, y está bien hecho. La segunda planta habla de la historia del distrito, pero el núcleo, muy original, de la exposición está en la tercera planta, donde los visitantes caminan sobre "el agua" junto a un barco de transporte atracado en la reproducción de un puesto de control. El museo muestra además una preciosa colección de herramientas de pesca.

El antiguo lecho del Nakagawa

Los pocos ríos con meandros de los alrededores que forman el Kyu-Nakagawa (旧中川, Antiguo río Nakagawa) no son más que los vestigios del recorrido histórico de un poderoso río modificado por la excavación del Arakawa en el siglo pasado, que lo dividió en dos. Estos trozos de río son rastros del más que caprichoso río Tonegawa, que se fue alejando poco a poco de la bahía de Tokio hacia el Pacífico debido a las obras que se iniciaron a finales del siglo XVI.

Bunkyo / Toshima

LAS TUMBAS OCCIDENTALES DEL CEMENTERIO DE SOMEI

Un testigo anónimo de los primeros años de la abertura internacional del país

5-5-1 Komagome Toshima-ku (東京都豊島区駒込5-5-1)
Cómo llegar: a 10 minutos andando de Sugamo (巣鴨), líneas Toei Mita o JR
Yamanote • Abierto las 24 horas

Situado justo detrás del mercado al por mayor de Toshima, el cementerio de Somei (巣鴨) es el cementerio más pequeño de todos los que gestiona el gobierno metropolitano. Inaugurado en 1874, este cementerio laico alberga menos celebridades históricas que los cementerios de Zoshigaya y Yanaka y es sobre todo famoso por su centenar de cerezos Somei-Yoshino que en primavera inundan de color rosa el cementerio.

Una minúscula sección del cementerio (indicada en los planos con 外人墓地, *Gaijin-Bochi*) está reservada a los extranjeros. Las pocas tumbas con epitafios en caracteres alfabéticos contrastan mucho con el resto de los sepulcros: son las tumbas de los occidentales de la época Meiji, los primeros visitantes en morir en Japón. Estos muertos no son personas conocidas y esta sección es un testigo anónimo de los primeros años de la apertura internacional del país y un homenaje a quienes la vivieron.

Encontrará por ejemplo la tumba de un tal Archibald King, originario de Glasgow que falleció de cólera en 1886, la del reverendo Woodhull, fallecido en Tokio en 1895 a los 35 años de edad, o la del misionero David Thompson, que colaboró con James Hepburn[1] y murió en 1915. Destaca en particular la tumba de Loduska Wirick, una enfermera misionera que llegó a Japón en 1890 y ofició misa durante la guerra ruso-japonesa. Fallecida de cáncer en 1914, su tumba bien visible, en forma de libro, está señalada por un poste blanco.

La tumba del ministro del reino de Hawái ante Japón

El cementerio de Aoyama (青山霊園), más importante y más grande, tiene más visitas que el de Somei. También alberga una sección para los muertos extranjeros de la era Meiji. El primer entierro, el del alemán Karl Buck, se celebró en 1880, a saber 3 años después de que el Gobierno anunciase la apertura del cementerio para los no japoneses. Un monumento de 2007 conmemora las contribuciones de los muertos extranjeros al desarrollo del país. En la sección general del cementerio de Aoyama hay una tumba de Robert Irwin, ministro ante Japón del reino de Hawái, antes de que pasara a ser un Estado de Estados Unidos.

---

[1] *Creador de la romanización Hepburn del japonés.*

LA LÁPIDA DE LA PRISIÓN DE SUGAMO

El oscuro pasado de Ikebukuro

3-1-6 Higashi-Ikebukuro Toshima-ku (豊島区東池袋3-1-6)
Cómo llegar: a 10 minutos andando de Ikebukuro (池袋), líneas JR Yamanote,
JR Saikyo, JR Shonan-Shinjuku, JR Narita Express, Tobu Tojo, Seibu Ikebukuro,
Tokyo Metro Yurakucho, Tokyo Metro Marunouchi, Tokyo Metro Fukutoshin

Los 240 metros del rascacielos Sunshine 60 de Sunshine City, el rascacielos más alto de Asia, ocupa desde 1978 el espacio donde estuvo la tristemente célebre prisión de Sugamo (巣鴨拘置所) donde estaban encarcelados principalmente prisioneros políticos durante la guerra, y criminales de guerra después de 1945. La prisión de Sugamo, administrativamente el centro de detención de Tokio antes de la ocupación y que sobrevivió a los bombardeos, fue destruida.

Siete criminales de guerra de categoría A (culpables de crímenes contra la paz), como Tojo Hideki[1], fueron ahorcados en la prisión el 23 de diciembre de 1948. Unos cincuenta criminales de categoría B y C también perdieron la vida en ella. No queda prácticamente nada de la cárcel y de su oscuro pasado, salvo una simple lápida, un monumento en honor a la paz sobriamente ti-

tulado *Eikyu heiwa wo negatte* (永久平和を願って, *Oración para una paz eterna*) en el parque Higashi Ikebukuro Chuo Koen a los pies del propio Sunshine 60, que recuerda sin florituras la historia del lugar. Esta lápida ocupa el lugar donde estuvo la horca.

EN LOS ALREDEDORES ③
Los laberintos de 6-Otsuka y 5-Higashi Ikebukuro
Callejuelas laberínticas

Encajado entre la línea 5 de la autopista urbana, la avenida Kasuga-dori y los raíles de la Arakawa, se extiende un laberinto de callejuelas que se ha salvado milagrosamente de los desarrollos inmobiliarios y de las planificaciones urbanas. Las estrechas callejuelas abundan en Tokio, pero esta zona es un concentrado de ellas. No hay que tener miedo de adentrarse en un lugar que a primera vista parece no tener salida, donde algunas calles son tan sumamente estrechas que son difíciles de sortear en bici, cuando estas no terminan en unas escaleras. Que la zona esté catalogada de riesgo en caso de catástrofe no debería de sorprender a nadie.

---

[1] 東条英機, *1884-1948. Primer ministro de Japón entre 1941 y 1944.*

LOURDES

Una reproducción de la cueva milagrosa francesa en Tokio

東京都文京区関3-15-16 *(3-15-16 Sekiguchi Bunkyoku)*
Cómo llegar: a 10 minutos andando de Edogawabashi (江戸川橋), línea Tokyo Metro Yurakucho • Abierto las 24 horas

Al final de la explanada de la catedral de Santa María de Tokio, destaca la discreta presencia de una cueva que alberga una estatua de la Virgen. Se trata de una reproducción de la cueva de Massabielle en Lourdes (ルルド), donde Bernadette Soubirou habría visto a la Virgen María dieciocho veces durante el año 1858, y donde, según su testimonio, habría descubierto un manantial de agua hoy considerado milagroso. La reproducción, bastante fiel, data de 1911. Es obra de Henri Demangelle, un misionero francés de la era Meiji originario de Doubs. Alberga una estela con la fecha del 11 de febrero de 1858, fecha exacta de la primera aparición de la Virgen en los Pirineos.

Otras reproducciones de la cueva de Lourdes en Japón

Esta reproducción de la cueva de Lourdes es única en Tokio, pero hay al menos otras cuatro réplicas más en Japón: en Shizuoka, Nagoya, Nagasaki y en las islas Goto. Se erigieron a finales del siglo XIX y a principios del XX.

Proyectada en 1964 por Tange Kenzo[1] (cuyo funeral se celebró aquí mismo), la catedral de Santa María de Tokio (東京カテドラル聖マリア大聖堂), a menudo denominada Catedral de Tokio, es una magnífica obra arquitectónica moderna que ha sustituido a la antigua catedral gótica de madera destruida durante la guerra. La estructura en cruz de la catedral se compone de ocho paraboloides hiperbólicos de hormigón armado. Pasar por la catedral en un día soleado permite apreciar los reflejos y contrastes sobre el fondo del cielo azul. La entrada es libre y el interior, sin ornamentos, pero con muchos juegos de luces, está tan logrado como el exterior. Lamentablemente no se pueden hacer fotos. El pequeño baptisterio, entrando a la derecha, es sencillamente extraordinario. Los fines de semana, muchas familias van a Santa María para asistir a bodas.

---

[1] 丹下健三, 1913–2005. Uno de los arquitectos japoneses más importantes del siglo XX, autor de algunas obras ineludibles, desde el Gimnasio Nacional de Yoyogi pasando por los edificios gubernamentales de la metrópoli.

LOS JARDINES DE CHINZANSO

Un magnífico jardín dentro de un gran hotel

2-10-8 Sekiguchi Bunkyo-ku (東京都文京区関2-10-8)
Cómo llegar: a 10 minutos andando de Edogawabashi (江戸川橋), línea Tokyo Metro Yurakucho
Abierto las 24 horas

Situado a unos buenos diez minutos caminando de la estación de Edo-gawabashi, el elegantísimo hotel Chinzanso Tokyo (椿山荘), antiguo Four Seasons, tiene unos hermosos jardines accesibles al público, incluso a los visitantes que no son clientes del hotel. Los jardines están en la antigua residencia del clan Maeda de Kururi en la época Edo.

El lugar, situado en el borde de una meseta, era conocido como *Tsu-baki-Yama* (椿山, El monte de las camelias), en referencia a las flores que crecían aquí. Cuando el político Yamagata Aritomo[1], de la era Meiji, compró este lugar en 1878 tras aplastar la Rebelión de Satsuma y mandó construir un jardín sofisticado, el lugar se convirtió en *Chinzanso* (椿山荘, *La casa del monte de las camelias*). En 1918, la propiedad pasó a manos del barón Fujita Heitaro[2]. En 1924 mandó traer un pequeño santuario que instaló en el jardín y, en 1925, desde la prefectura de Hiroshima, una pagoda de tres plantas de la época Muromachi. Tras sufrir algunos daños durante los bombardeos, los jardines fueron sometidos a una preciosa y enriquecedora rehabilitación. Los pocos salones de té y áreas de descanso que hay al sur de los jardines datan de la posguerra.

Los jardines, lejos de ser llanos, rodean el gran estanque de Yusui-Ike. Entre los numerosos puntos de interés que tiene el jardín, cabe destacar unas veinte curiosas estatuillas negras de *Rakans* y una preciosa pagoda de piedra de 13 plantas.

EN LOS ALREDEDORES
La residencia de Basho

⑥

Detrás de Chinzanso, en el 2-11-3 Sekiguchi, en una larga callejuela de escaleras donde la entrada está oculta, el Sekiguchi Basho-an (関口芭蕉庵) es la casa donde presuntamente vivió Matsuo Basho[3] durante los 4 años que estuvo en Edo mientras supervisaba las obras de rehabilitación del acueducto de Kanda (ver p. 233) a finales del siglo XVII. Además de la minúscula residencia propiamente dicha (una reproducción estética de posguerra), un paseo peatonal rodea un estanque en cuyos alrededores hay una estela con el célebre haiku del poeta, *Furuikeya kawazu tobikomu mizu no oto* (古池や蛙飛びこむ水の音 – *un viejo estanque, salta una rana, el sonido del agua*), grabado con una de sus caligrafías. Hay otra estela de 1750 que señala el lugar donde está enterrado un poema del maestro. Al final del jardín, hay un pequeño edificio construido en 1726 para proteger una estatua de madera de Basho que instalaron para conmemorar los 32 años de su muerte. La visita de este sencillo lugar es gratuita y muy relajante.

[1] 山縣有朋 *1838–1922. Samurai del pueblo de Hagi, militar y político de la era Meiji, uno de los hombres más poderosos de la época, que ocupó sucesivos cargos ministeriales y fue incluso dos veces primer ministro de Japón.*
[2] 藤田平太郎 *1869–1940. Hombre de negocios y político, segundo dirigente del Zaibatsu Fujita.*
[3] 松尾芭蕉 *1644–1694. Poeta, maestro clásico reconocido del haiku.*

JARDINES PARA TODOS LOS GUSTOS

El jardín botánico de la Facultad de Ciencias de la Universidad de Tokio

3-7-1 Hakusan Bunkyo-ku (東京都文京区白山3-7-1)
Cómo llegar: a 15 minutos andando de Hakusan (白山), línea Toei Mita
Horario: todos los días de 9 a 16.30 h, salvo los lunes. Si el lunes es festivo, el parque está abierto pero cierra al siguiente primer día no festivo

Lo suficientemente alejado de las estaciones de metro más cercanas, mucho menos turísticos que los jardines de Koishikawa-Korakuen, muy cerca de allí, y con los que la gente lo confunde a menudo, el jardín botánico de Koishikawa de la Facultad de Ciencias de la Universidad de Tokio (東京大学大学院理学系研究科附属植物園小石川植物園) no recibe muchos visitantes y, sin embargo, es de los remansos de verdor más interesantes de la capital. El jardín tiene para todos los gustos: jardines a la occidental, jardines japoneses, un invernadero tropical, un bosque casi salvaje, todo ello en poco más de 16 hectáreas. La entrada no es gratuita,

pero la tranquilidad en pleno centro de Tokio tiene su (pequeño) precio. Este jardín nació de los jardines medicinales que el sogunato mandó establerer en el siglo XVII y que se extendieron con el 8º sogún. En el dispensario establecido en 1723 en este lugar se rodó la película de acción *Akahige* (赤ひげ, *Barbarroja*) de Akira Kurosawa[1].

EN LOS ALREDEDORES
El anexo de Koishikawa del museo de la Universidad de Tokio

⑧

El primer edificio de Todai

En la parte noroeste del jardín, un increíble y distinguido edificio de principios de la época Meiji preside un estanque del jardín japonés dentro del jardín botánico: el anexo de Koishikawa del Museo de la Universidad de Tokio (東京大学総合研究博物館　・小石川分館), ocupa el antiguo edificio principal de la Facultad de Medicina. De 1875, es de hecho el edificio más viejo de la Universidad de Tokio. La visita es gratuita y, desde finales de 2013, el museo propone una interesante exposición de arquitectura. Se entra al anexo desde el jardín botánico directamente, pero una vez fuera del jardín no se puede volver a entrar en el edificio.

* 黒澤明, *1910-1998. Director de cine.*

LA ESTATUA TUERTA DEL ENMA DE GENKAKUJI

Un templo para sanar los ojos y los dientes

Templo de Genkakuji
2-23-14 Koishikawa Bunkyo-ku (東京都文京区小石川2-23-14)
Cómo llegar: a 5 minutos andando de Kasuga (春日), línea Toei Mita o Toei Oedo, o andando desde Korakuen (後楽園), líneas Tokyo Metro Namboku o Tokyo Metro Marunouchi
Abierto todos los días de 7 a 17 h

El templo de Genkakuji (源覚寺), que está encajado entre edificios de la avenida Kasuga-Dori, es un agradable concentrado de tradiciones antiguas, pero vivas, que permiten, según la costumbre, mantenerse sanos.

El templo es conocido como *Konnyaku Enma* (こんにゃく閻魔, Enma en el Konnyaku) porque según la tradición había que ofrecer konjac (*konnyaku*) a la estatua de Enma del templo para agradecer a la divinidad. La costumbre se remonta a la época Edo, cuando una persona mayor con la vista débil ha recuperado una buena visión tras rezarle a Enma lo agradece ofreciéndole konjac ya que Enma le habría prestado su ojo. De hecho, la estatua es tuerta. La estatua de madera de ciprés de aproximadamente un metro de alto es de la época Kamakura y fue restaurada en el siglo XVII. No está justo en la entrada del *enmado* que la protege pero se puede ver bien a unos metros de distancia. No siempre es fácil acercarse. Una foto de la estatua situada justo delante del *enmado* indica a los devotos dónde depositar el konjac. Cerca del cementerio del templo, a la derecha del *enmado*, un pequeño cobertizo protege de las inclemencias del tiempo, entre otras cosas, a dos estatuas *Jizo* sin cabeza a las que hay que echarles sal tras tocar con una varita la parte del cuerpo que nos duele. El Enma del templo es más famoso por curar los ojos, y ambos *Jizo* curan muchas cosas, pero sobre todo el dolor de muelas. La cantidad de sal bajo la que están enterrados estos dos *Jizo* pueden resultar muy impresionante. En la entrada del recinto del templo, la piedra vertical con la base desgastada y protegida por un tejado es una *hyakudo-ishi* (百度石, piedra de las cien veces). Erigida en 1852, esta piedra marca el punto de partida para los devotos que desean hacer una peregrinación dentro del propio recinto de cien idas y vueltas (百度参り, Peregrinación de las cien veces) con el fin de aumentar el efecto de las oraciones. Aún quedan algunas piedras, probablemente menos de 100, delante de la piedra, son las que los peregrinos dejan cada vez que pasan por delante para contar el número de trayectos realizados.

Una campana que se muda

Fundida en 1690, la campana del templo ha tenido una vida ajetreada: almacenada en 1844 tras incendiarse el templo, en 1937 se envió a un templo de Saipán, por entonces territorio japonés. Alcanzada por una bala, la campana desapareció en 1944 en el caos que siguió a la caída de la isla en manos de los americanos, y probablemente un Marine se la llevó a Estados Unidos como recuerdo. En 1965 una ciudadana la encontró en Texas y avisó al templo. La campana regresó al fin a Genkakuji en 1974, 37 años después de haberlo abandonado. Junto a la campana, la estatua de Boddhisattva es un monumento en homenaje a los caídos de las islas del Pacífico Sur (南洋群島物故者慰霊像) colonizadas por Japón. Las conchas que hay delante de la estatua provienen de las aguas de los alrededores de Saipán.

EL MUSEO DE HISTORIA DEL SUMINISTRO DE AGUA DE TOKIO

Agua de Edo

2-7-1 Hongo Bunkyo-ku (東京都文京区本郷2-7-1)
Cómo llegar: a 5 minutos andando de Ochanomizu (御茶ノ水)
o Shin-Ochanomizu (新御茶ノ水), líneas JR Sobu/Chuo, Tokyo Metro
Marunouchi, Tokyo Metro Chiyoda
Horario: de 9.30 a 17 h. Cerrado el 4º lunes de mes, si el lunes es festivo
el museo abre pero cierra al día siguiente. Cerrado del 28 de diciembre
al 4 de enero
Entrada gratuita
Audioguía en inglés disponible. Visita guiada en inglés para grupos previa
reserva

Inaugurado aquí en 1995 y reformado en 2009, el apasionante y detallado Museo de Historia del Sistema de Suministro de Agua de Tokio (東京都水道歴史館) trata sobre los grandes desafíos de la ciudad desde la época Edo: el suministro de agua de una megalópolis.

Tiene grandes cantidades de tuberías de época de madera, ejemplares de tuberías utilizadas en la modernización de la ciudad en la época Meiji, y secciones de las impresionantes tuberías de la ciudad actual. También se expone un auténtico pozo de bombeo de la época Edo excavado en 1982. Fuera hay una reproducción de un trozo del acueducto de Kanda.

También se puede ver en los alrededores del museo una placa que indica el lugar donde el acueducto de Kanda cruzaba el río Kandagawa por un puente (掛樋, *Kakehi*), recordado por una estela en la avenida Sotobori, casi enfrente del centro de formación del personal de las escuelas de la Metrópolis de Tokio en el 1-3 Hongo. También hay vestigios del embalse de Sekiguchi que regulaba el caudal en el parque Edogawa-Koen cerca del hotel Chinzanso (ver p. 227).

El suministro de agua en Edo

Desde su llegada a Edo en 1590, Ieyasu[1] inició obras para abastecer la ciudad de agua potable ya que los pocos pozos cercanos a la bahía no podían cubrir las necesidades de agua, cuando el agua que se extraía no era demasiado salada. Tras la instalación de una primera canalización (el acueducto de Koishikawa) del que queda poca información, el sogunato construyó sobre más de 20 km el acueducto de Kanda, terminado hacia 1629, para encaminar el agua de manantial del embalse de Inokashira a Edo. Este acueducto se usó para abastecer Tokio de agua potable hasta 1901, dos años después de terminar las obras de la primera red moderna de suministro.

La segunda red importante de abastecimiento de agua, el acueducto de Tamagawa, data de 1653 y lleva el agua desde el río Tama hasta Yotsuya, sobre 43 km, mientras que el desnivel solo es de un centenar de metros. Se sigue usando una parte de esta red en la parte alta del río. Tras el Gran Incendio de Meireki en 1657, que destruyó los dos tercios de la ciudad (como el torreón del castillo de Edo, que no se volvería a construir) y causó la muerte de varias decenas de miles de habitantes, el sogunato buscó traer aún más agua a la ciudad y mandó construir otros cuatro acueductos, que al final solo se usaron unos años.

---

[1] 徳川家康 *(Tokugawa Ieyasu), 1543-1616, primer sogún de la dinastía de los Tokugawa.*

LOS *MON* DE LOS AZULEJOS DEL AKAMON EN TODAI

Intrusos en la puerta

7-3-1 Hongo Bunkyo-ku (東京都文京区本郷7-3-1)
Cómo llegar: a 10 minutos andando de Todai-mae (東大前), línea Tokyo
Metro Nanboku, o a 10 minutos andando de Hongo-Sanchome (本郷三丁目),
líneas Tokyo Metro Marunouchi o Toei Oedo

La elegantísima puerta Akamon (赤門, Puerta roja) de la Universidad de Tokio se construyó en 1827 cuando el campus de Hongo era aún la residencia principal del clan Maeda de Kaga. Se construyó para recibir dignamente a la nueva esposa del soberano feudal Maeda Nariyasu[1], que tomaba por esposa a Yasuhime[2], la 21ª hija del 11º sogún, Tokugawa Ienari. Los *mon* de los azulejos de la puerta ocultan una curiosidad interesante.

Obviamente hay símbolos del clan Tokugawa en los azulejos de arriba y del clan Maeda en los de abajo, pero se detectan algunos intrusos en la esquina del tejado (a la altura del *onigawara*, 鬼瓦, el azulejo de la esquina de arriba) y en los muros que rodean la puerta. Efectivamente, esos azulejos llevan grabados el carácter del "estudio" en su antigua grafía (學, *gaku*). Aunque este carácter parece encajar especialmente bien en la puerta de una universidad, los azulejos no son de la época Edo. El *onigawara* se cayó durante el terremoto de 1923 y se sustituyó por otro con un estilo adaptado a las nuevas funciones del lugar.

EN LOS ALREDEDORES
La escalera fantasma de Yayoi ⑫

¿39 o 40 escalones?

En el 2-18 Yayoi, justo detrás del campus de Yayoi, una sorprendente escalera se ha ganado en el vecindario el apodo de "escalera fantasma" (お化け階段). El peatón escalador contará 40 escalones al subir. Al bajar, sorpresa, tocará el suelo en el 39º escalón... El primer escalón a pie de escalera, particularmente baja, está casi a ras de suelo: al subir, el peatón presta atención, pisa el escalón y lo cuenta; al bajar, el escalón le engaña.

Los restaurantes universitarios del histórico campus de Todai

El campus principal de Todai, la mejor universidad de Japón, se compone de tres campus: el campus "histórico" de Hongo, el campus de Yayoi, que alberga la Facultad de Agricultura y el Instituto de Investigaciones Sismológicas, y el campus más pequeño de Asano, detrás del campus de Yayoi. Los restaurantes universitarios de este campus están abiertos al público, que se mezcla con la población estudiantil, y nuestro monedero no sufre. Cada restaurante tiene su fama entre los alumnos: algunos piensan que la comida de la Facultad de Agricultura del campus de Yayoi es más sana, los que tienen más prisa se mezclan con la multitud de la gigantesca Cantina Central (中央食堂), cerca del auditorio Yasuda y los puristas prueban el *oyakodon*, especialidad de la cantina Icho Metro (銀杏メトロ), antigua Cantina Nº1, en el subsuelo del edificio 2 de la Facultad de Derecho. La Cantina Nº2 (第二食堂), más tranquila y bien iluminada, también tiene sus fans. Algunas de las grandes cadenas de cafeterías también han abierto en el campus. En la segunda planta de la Mukougaoka Faculty House (向ヶ丘ファカルティハウス), inaugurada en 2009 en el campus de Yayoi, tiene hasta un bar con un ambiente exclusivo y tenue, que no tiene nada que envidiarle a algunos establecimientos elegantes de los barrios ricos de la ciudad y donde el personal universitario o los antiguos universitarios vienen a nublarse la mente. La avenida Kototoi-dori separa el campus de Yayoi de los de Asano y Hongo. Asano y Yayoi son un poco más recientes que Hongo y en general un poco menos fotogénicos que su hermano mayor. Sin embargo, las gradas del terreno de beisbol al norte de Yayoi han sido declaradas bien cultural importante.

---

[1] 前田斉泰, *1811–1884. 112º y penúltimo señor del clan Maeda, uno de los clanes más poderosos de la época Edo.*
[2] 溶姫, *1813–1868.*

Arakawa / Taito / Sumida

LOS VAGONES DEL TRANVÍA DE LA LÍNEA ARAKAWA

¿Alquilar un tranvía?

Cómo llegar: Waseda (早稲田), hasta Minowabashi (三ノ輪橋)
Se puede alquilar un tranvía entre las 10 y las 15.30 h
Información y reservas: Oficina de Transportes del Gobierno Metropolitano
(東京都交通局), www.kotsu.metro.tokyo.jp/toden/kanren/kashikiri.html,
o llamando al 03-3893-7451

La línea Arakawa ofrece una actividad poco conocida y además divertida: se puede, y es fácil, alquilar un tranvía durante el día para hacer un trayecto (pero sin parar mucho tiempo en las estaciones), por un precio razonable, a saber, barato para un grupo de pocas personas. Se puede incluso elegir el tipo de tranvía.

El Arakawa, el último tranvía superviviente de Tokio

La línea Arakawa (都電荒川線) es una superviviente a menudo desconocida de la amplia red de tranvías operada por la ciudad y la metrópolis que surcaban la ciudad en los años 60. Es la única línea de ferrocarril, junto con la línea Setagaya operada por Tokyu, considerada una línea de tranvía aún en servicio en Tokio. A diferencia de Setagaya, que circula por una vía única, la línea Arakawa comparte, en 500 m, una pequeña parte de sus vías con el tráfico rodado, entre las paradas Asukayama y Oji, a la altura de la avenida Meiji-Dori. En este sentido es el único tranvía "auténtico" de la cuidad en una distancia de apenas medio kilómetro. El tranvía de un solo vagón se cuela en barrios de casas bajas entre Minowa y Waseda en algo más de una hora, convirtiéndose en el medio de transporte ideal para descubrir con calma 12 kilómetros de la superficie de las entrañas de Tokio al norte de la línea Yamanote. Este paseo corto, combinado con la visita de los trenes situados delante de la cochera, permite revivir un poco el ambiente de posguerra, el Tokio sencillo y sin petulancia, en la periferia de las explosiones de luz de los neones del centro. La cochera ocupa un edificio entero en el 8-33 Nishi-Ogu, junto a la parada Arakawa-Shako-Mae, delante de la cual hay una placita, *Toden Omoidehiroba* (都電おもいで広場, La plaza del recuerdo), a la que se puede entrar sin pagar. La cochera expone dos tranvías que circulaban justo después de la guerra y un diorama de la vida tokiota en los años 50.

EL MURO DE LADRILLOS DE ARAKAWA-YUEN

Los vestigios de una antigua fábrica de ladrillos

6-34, 6-20, 6-21 Nishi-Ogu Arakawa-ku (東京都荒川区西尾久6-34, 6-21, 6-20)
Cómo llegar: a 5 minutos andando de Arakawayuenchimae (荒川遊園地前),
tranvía Toei Arakawa

No muy lejos del parque de Arakawa-Yuen, algunos muros antiguos de ladrillo rojo se funden con la ciudad. Estos muros marcan el emplazamiento de una antigua fábrica de principios del siglo XX. El norte de Arakawa, a orillas del Sumidagawa, es una antigua zona industrial, donde estuvo el barrio residencial original y donde crecieron las primeras chimeneas de las fábricas en la época Meiji. Algunos talleres aquí y allí, en medio de calles estrechas, recuerdan que la ciudad, en los alrededores, no se ha convertido en un lugar únicamente residencial. Desde los primeros años de la era Meiji, cuatro fábricas de ladrillos se alineaban a orillas del Sumidagawa aprovechando un acceso fluvial a la ciudad. La fábrica de ladrillos de Hirooka, abierta en 1895, se incendió en 1921, dejando tras ella este curioso muro de más de 200 m. Buena parte del emplazamiento de la fábrica de ladrillos tuvo sin embargo una segunda vida: en 1922 lo transformaron en un parque privado de ocio (a falta de un mejor término), Arakawa-Yuen (あらかわ遊園), que albergaba un cine, restaurantes y un salón de té. Hay varios parques

de atracciones dentro de la propia ciudad, ocupando el primero puesto el muy famoso Hanayashiki. En las orillas del Sumidagawa, Arakawa-yuen, hoy único parque público gestionado directamente por un distrito en Tokio, es mucho menos conocido pero del que disfrutarán plenamente los menores de 10 años. En casi un siglo de historia, el parque ha evolucionado mucho, pasando de ser privado a público, y engloba varias atracciones pequeñas y sencillas, eficaces y sin pretensiones.

EN LOS ALREDEDORES
Los baños de la estación de Oku ③

Abierta en 1929, la estación JR East que presta servicio a lo que fue el pueblo de Ogu (尾久村) se lee Oku y no Ogu. La curiosidad principal de esta estación, una de las menos concurridas de la red JR East en la capital, son sus baños públicos en la plaza-aparcamiento delante de la estación, en el 1-2-17 Showamachi.

Con un diseño bastante sorprendente para los alrededores de una estación de este tipo, un pequeño edificio forma las letras O K U.

El baño de las mujeres está en la O, el de los hombres en la U y el de los minusválidos en la K. El edificio de los baños se esconde un poco detrás de un *koban* y una tienda de conveniencia, pero una vez cerca de las puertas, es difícil no verlo, del lado este de la plaza.

El pueblo de Ogu era un lugar de salida de las afueras casi bucólica de principios del siglo XX que mezcla *ryoteis*, *ryokans* e incluso algunos *onsens*, un retiro que la ciudad acabó absorbiendo. El centro de Ogu estaba alrededor de las estaciones de tranvía Odai, Miyanomae y Kumanomae. En 1914 se descubrió un *onsen* que lleva abierto desde entonces. Hasta los años 60 se veían *geishas* caminando por el barrio y aunque la industrialización del *boom* de posguerra y el agotamiento progresivo de los manantiales hicieron sufrir a Ogu, el golpe final fue la explosión de la burbuja. Hay algunos restaurante y *ryoteis*, pero no hay *ryokans*, y nada, o más bien poco, de la gloria chispeante de antaño. Ogu fue absorbido y digerido por el resto de la ciudad y respira tranquilidad.

LAS TUMBAS DE LOS DISECADOS ④
DE YANAKA

Para los miles de cuerpos donados a la ciencia

7-16 Yanaka Taito-ku (東京都台東区谷中7-16)
Cómo llegar: a 5 minutos de Nippori (日暮里), líneas JR Yamanote, JR Keihin-Tohoku, JR Joban, Keisei Honsen, Toei Toneri-Liner - Abierto las 24 horas

En la parte de las tumbas del templo de Tennoji, del lado norte del cementerio de Yanaka, a unos 50 metros a la derecha entrando en las filas de tumbas por el camino que empieza enfrente de la estatua *Jizo* situada delante de Tennoji (地蔵尊前横断), destacan tres tumbas con la inscripción Senninzuka (千人塚, Estela de las mil personas). Erigidas en 1881, 1892 y 1913, cada una está dedicada a 1000 personas que fueron disecadas para la ciencia en la Facultad de Medicina de la Universidad de Tokio. Cabe destacar la grafía particular del carácter en la palabra "estela" (Zuka, normalmente 塚, aquí 冢), que no incluye el kanji de la tierra (土). La omisión es voluntaria, la idea es indicar que los cuerpos no fueron enterrados sino que sirvieron a la ciencia. A ambos lados de las lápidas, las inscripciones grabadas, que el paso del tiempo ha ido borrando, recuerdan el origen de estas tumbas. Un poco al oeste de las tres estelas, una pequeña y elegante pagoda domina un cementerio donde, hasta 1875, se enterraban los restos de los disecados de la Facultad de Medicina. La ciencia de la anatomía empezó en la Universidad de Tokio gracias a Kazuyoshi Taguchi[1], uno de los primeros doctores en medicina y autor de los primeros tratados originales en japonés de anatomía. Taguchi, absorto en sus disecciones, era conocido por estar desconectado de las noticias del mundo: no tuvo conocimiento, dicen, de la primera guerra sino-japonesa (1894-1895) hasta la firma del Tratado de Shimonoseki el 17 de abril de 1895.

La "colina en el monte Fuji"

Al norte del cementerio de Yanaka, la calle Yanaka Ginza da a la estación de Nippori entre tiendas antiguas. La calle acaba en unas escaleras (Yuyake Dandan - 夕やけだんだん), famosa también por las vistas del ocaso y por sus muchos gatos callejeros. Yanaka Ginza, a pesar de parecer a veces centenaria, o antigua, empezó a crecer después de la guerra. Cerca de las escaleras, la parte alta del templo Hokoji se llama Colina en el monte Fuji (富士見坂). Esta colina es uno de los pocos puntos en la Yamanote para ver el monte Fuji desde Tokio sin subir a un rascacielos. Sin embargo, a mediados de 2013, el aumento de *mansiones* hacia el oeste ha tapado, lamentablemente, buena parte de las vistas.

[1] 田口和義, *1839–1904*.

LA ESTATUA DE BINBO GA SARU ⑤

Una estatua inspirada en un videojuego dentro de un templo

1-5-34 Yanaka Taito-ku (東京都台東区谷中1-5-34)
Cómo llegar: a 10 minutos andando de Nezu (根津), línea Tokyo Metro Chiyoda
El cementerio abre todos los días de 9 a 17 h

En pleno corazón de las tradicionales calles de Yanaka y en medio de sus múltiples templos, devotos y visitantes del templo Myosenji son recibidos por una estatua muy original llamada *Binbo ga saru zo* (貧乏が 去る像, La estatua de la pobreza que se marcha). La estatua representa un *binbogami* (貧乏神), espíritu de la pobreza, coronada por un mono

(猿, *saru*). El nombre de esta estatua es un juego de palabras, *saru* también significa "marcharse". Para alejar al *binbogami* que duerme en nosotros, primero hay que acariciar la estatua del *binbogami* y luego la del mono. El diseño de la estatua, erigida en 2003, retoma el del *binbogami* de la serie de videojuegos *Momotaro Dentetsu*. Se usó incluso la estatua en la promoción de la 12ª entrega de la serie. El templo abrió sus puertas en el siglo XVII pero esta estatua es la prueba de que el budismo se adapta a las tendencias del momento cuando es necesario. El templo también vende huchas con la misma forma.

Momotaro Dentetsu

Prácticamente desconocida fuera de Japón, esta serie de videojuegos basada en un videojuego publicado por Famicom (NES en Europa) en 1988 ha superado los 20 títulos en el mercado nipón y se ha desarrollado en numerosas consolas, sin contar las adaptaciones para teléfonos móviles. El juego, con gráficos cómicos, es como un juego de mesa para varios jugadores donde cada uno debe enriquecerse viajando en transporte público japonés.

LA ESTACIÓN ABANDONADA DE KEISEI HAKUBUTSUKAN-DOBUTSUEN

Una estación que acumula hándicaps

13-23 Ueno-Koen Taito-ku (東京都台東区上野公園*13-23*)
Cómo llegar: a 10 minutos andando de Ueno y de Keisei Ueno (京成上野),
*líneas JR Yamanote, JR Keihin-Tohoku, JR Joban, JR Utsunomiya, Tokyo Metro
Ginza, Tokyo Metro Hibiya, Shinkansen, Keisei Honsen*

El pequeño edificio de techo piramidal junto al Museo Nacional de Tokio en Ueno es el acceso a la estación subterránea Keisei Hakubutsukan-Dobutsuen (京成博物館動物園, Museo y zoo), inaugurada en 1933. A pesar de tener una ubicación muy atractiva en el mapa, la afluencia de pasajeros disminuye con los años.

Demasiado cerca del masivo distrito de Ueno, mal comunicada en tren, demasiado corta para los largos trenes modernos, la estación acumula desventajas. Desde 1997 ningún tren ha vuelto a entrar en esta estación, abandonada desde 2004. La farola de bronce de la preciosa fachada del edificio fue restaurada en 2010.

Bajo tierra, este tramo de la línea está iluminado por la débil luz de unos pocos neones y aún se pueden ver bien desde los trenes los andenes con los muros parcialmente pintados de amarillo. Además se distinguen fácilmente los accesos y algunos paneles informativos para los pasajeros. El edificio de acceso a la estación está cerrado y no se puede acceder a los andenes.

LOS COMERCIOS COREANOS DE MIKAWAHIMA

⑦

Un pedacito auténtico de Corea en Tokio

3 Higashi-Nippori Arakawa-ku (東京都荒川区東日暮里3) y alrededores
Cómo llegar: Mikawashima (三河島), línea JR Joban
Accesible las 24 horas

Podemos encontrar varios restaurantes coreanos y tiendas de productos del país de la mañana tranquila cerca de la estación de Mikawashima, sobre todo al sur, en la zona comercial de Shinkokubo (親交睦商店街). A estos establecimientos de la carne a la parrilla y el *kimchi*, con sus letreros en *hangul*[1], no se viene por la diversión sino para degustar el recuerdo de la autenticidad coreana. Al norte de la estación, cerca del 1-4-22 Nishi-Nippori, en una tienda especializada se puede comprar *kimchi*, carnes y otros condimentos en un ambiente que recuerda a los mercados antiguos de Seúl.

KAN'EIJI-SAKA

⑧

Otra estación abandonada de la línea Keisei

A unos escasos 500 m de Keisei Hakubutsukan-Dobutsuen, en el 2-4-6 Ueno-Sakuragi, un antiguo depósito alberga la estación de Kan'eiji-saka (寛永寺坂) que prestaba servicio a Kan'eiji, uno de los *bodaijis* de los Tokugawa. Al igual que Hakubutsukan-Dobutsuen, la estación abrió en 1933 pero cerró en 1953 (los trenes ya no paran en ella desde 1947). Hoy, la plaza de la estación sirve de aparcamiento. Bajo tierra, los andenes han desaparecido, el tren pasa muy rápido y la iluminación es débil, pero un pasajero observador que esté en el tren de la línea Keisei entre Keisei Ueno y Nippori podrá distinguir algunas variaciones en los motivos que decoran las paredes cuya parte inferior es de madera. Desde Nippori en dirección a Ueno en la línea Keisei, la estación está justo unos segundos después de que el tren entre en el túnel.

Hay otras estaciones y andenes abandonados en Tokio, especialmente en Omotesando (ver p. 46) y en Manseibashi (ver p. 19).

[1] *Alfabeto coreano.*

EL ROSTRO DEL GRAN BUDA DE UENO

Un Buda para aprobar los exámenes

4-8 Ueno koen Taito-ku（東京都台東区上野公園4-8）
*Cómo llegar: a 5 minutos andando de Ueno（上野）y Keisei Ueno（京成上野),
líneas JR Yamanote, JR Keihin-Tohoku, JR Joban, JR Utsunomiya, Tokyo Metro
Ginza, Tokyo Metro Hibiya, Shinkansen, Keisei Honsen*
Abierto de 9 a 15 h

En medio de los árboles del parque de Ueno, cerca de la campana (*Toki no Kane*, 時の鐘, ver también p. 21) detrás del santuario Gojoten, se oculta un gran rostro en bajorrelieve de Buda. Esta figura gordita y simpática es todo lo que queda del Gran Buda de Ueno (上野大仏), que, hasta 1923, dominaba los alrededores desde sus 6 metros de altura.

En 1647 un terremoto destruyó una primera estatua de yeso de casi 3 metros de alto que Hori Naoyori[1], señor de los alrededores de Niigata, instaló en 1631 para calmar el espíritu de los caídos en la guerra.

A finales del siglo XVII se instaló una nueva estatua de bronce, más grande. En 1841, un incendio destruyó el edificio que la cobijaba y la dañó. A pesar de la rápida restauración, la cabeza cayó durante un seísmo en 1855, antes de ser restaurada de nuevo. El edificio que la rodeaba fue desmantelado en 1873 cuando abrieron el parque de Ueno al público. La cabeza de la estatua cayó por última vez durante un terremoto en Kanto, y fundieron el cuerpo y la base para la guerra. El rostro de Buda acabó descansando en su base actual en 1972. A los pies del rostro hay dos fotos de la estatua en la época en que aún estaba entera.

Al parece tocar esta estatua trae buena suerte. Haber sobrevivido cuatro veces a las pruebas del tiempo (con un éxito ciertamente relativo) le han valido el apodo de "Gran Buda del éxito" (合格大仏), por lo que, en época de exámenes, recibe visitas de estudiantes.

---

[1] 堀直寄, *1577–1639*.

Animales, descansad en paz

9-83 Ueno-Koen Taito-ku (東京都台東区上野公園9-83), *en el zoo de Ueno*
Cómo llegar: a 10 minutos andando de Ueno (上野) *y de Keisei Ueno* (京成上
野), *líneas JR Yamanote, JR Keihin-Tohoku, JR Joban, JR Utsunomiya, Tokyo
Metro Ginza, Tokyo Metro Hibiya, Shinkansen, Keisei Honsen*
Abierto de 9.30 a 17 h. Cerrado del 29 de diciembre al 1 de enero y los lunes
Si el lunes es festivo el zoo abre pero cierra al día siguiente

Al lado del recinto de los elefantes del zoo más antiguo del país, el monumento a los animales muertos del zoo (動物慰霊碑) sigue a un primer monumento erigido en 1931 junto a las jaulas de los gibones. El monumento que podemos ver hoy, con su lazo y su búho, data de 1975, año en que se reformó el zoo. El lazo simboliza el afecto a los animales mientras que el búho protege a los espíritus de los animales fallecidos. Bajo el monumento está grabada la inscripción *Dobutsuyo, yasurakani* (動物よ安らかに, *Animales, descansad en paz*).

El cartel situado delante del monumento tiene muchas decoraciones ya que los colegiales a veces añaden algunos *origamis* o mensajes llenos de color.

Animales estrangulados, envenenados, hambrientos…

El primer monumento conmemoraba entre otros a los animales que murieron durante la guerra. En agosto de 1943, ante la amenaza que podían representar los animales que escapaban de sus jaulas tras un bombardeo, el gobierno metropolitano ordenó al zoo que matase a los animales que vivían en él. 27 animales de distintas especies (pitones, osos, leones, etc.) considerados peligrosos fueron envenenados, matados de hambre y estrangulados, supuestamente pare evitar disparar, algo que habría podido asustar a los civiles. En 1943 se celebró una ceremonia en su memoria. El trágico destino de los tres elefantes mascota John, Wanly y Tonky, que dejaron morir de hambre, fue incluso objeto de un libro para niños después de la guerra. Hubo otros animales, como los hipopótamos, a los que también mataron de hambre tras los bombardeos de 1945. Tras la guerra, el zoo de Ueno tardó varios años en recuperarse.

EN LOS ALREDEDORES

El puesto de policía y el buzón de correos del zoo de Ueno ⑪

Terminado en 1990 por el arquitecto Tetsuro Kurokawa[1], el *koban* del zoo de Ueno, a unos metros de la entrada y de las ventanillas de venta de billetes, es una sorprendente construcción geométrica. En medio del parque, de sus múltiples museos nacionales imperdibles y de sus otras atracciones históricas importantes, este *koban* tan original, inspirado en los bosques (杜, *Mori*) pasaría casi desapercibido. Pasa lo mismo con el pequeño buzón blanco y negro en forma de panda que se colocó delante de la entrada del zoo en 2011. El parecido es increíble: detrás del buzón descubrirá incluso una cola pequeña.

---

[1] 黒川哲郎, *1943–2013.*

EL BRAZO MOMIFICADO DE *KAPPA* ⑫ EN SOGENJI

Kappas *por todas partes*

En el kappa-do del templo de Sogenji
3-7-2 Matsugaya Taito-ku (東京都台東区松が谷3-7-2)
Cómo llegar: a 10 minutos andando de Asakusa (浅草), líneas Tokyo Metro
Ginza, Toei Asakusa, Tobu Isezaki (Skytree Line)
Abierto de 9 a 17 h
Para acceder al kappa-do donde está la momia hay que pedir permiso al
templo un día antes como mucho
Tel.: 03-3841-2035

El templo Sogenji, situado a casi medio camino dentro del laberinto de callejuelas y calles de Ueno y Asakusa, no muy lejos de la avenida Kappabashi y de sus utensilios de cocina, conserva un "brazo momificado de *kappa*" (ver recuadro).

Descubierta por casualidad a principios del siglo XX en un almacén, la momia del brazo del legendario animal fue donada al templo. La tapa

de la caja en la que se conserva el brazo menciona que se trata del brazo de un *suiko* (水虎), generalmente considerado una especie particular de *kappa*. Se distinguen perfectamente los dedos casi curvos y las uñas de la pequeña mano blanquecina. El brazo se expone en el *kappa-do*, un pequeño edificio anexo al templo, donde también hay regalitos varios y dibujos de todo tipo relacionados con el *kappa*, incluidos auténticos dibujos de maestros del manga, como Osamu Tezuka[1]. La mano del *kappa* se puede ver desde fuera, pero hay que pedir permiso al templo (como mucho la víspera de la visita) para entrar (acompañado) al *kappa-do* y ver los dibujos del techo.

A *kappa* le encanta el pepino. De hecho, la caja de ofrendas que está delante del *kappa-do* a veces está repleta de pepinos. El recinto del templo alberga otras estatuas de *kappa*, como una estatua afilada muy artística junto a la entrada. De nombre *Kappa no Gichan* (かっぱのぎーちゃん, Gichan el *kappa*), su largo rostro de piedra está a caballo entre el pepino y el *kappa*. El Sogenji se fundó a finales del siglo XVI y se trasladó a su emplazamiento actual a mediados del siglo XVII. La vinculación del Sogenji con el legendario animal data de principios del siglo XIX, cuando colocaron aquí la tumba de un rico comerciante local llamado Kihachi Kappaya[2]. Kihachi inició las obras de excavación del canal Shinhorikawa, pagando de su propio bolsillo, para mitigar los efectos de las repetidas inundaciones en los terrenos bajos aledaños, para gran satisfacción de los vecinos.

Según la leyenda, Kihachi salvó a un *kappa* del río Sumida y unos *kappas* le ayudaron luego a terminar las complicadas obras del canal. La tumba de Kihachi está a los pies de las escaleras del *kappa-do*. Dentro del *kappa-do*, al lado de la mano momificada, hay una ilustración de la leyenda de los *kappas* ayudando a Kihachi, así como una foto antigua del barrio donde el canal aún estaba destapado. Hay otra estatua dorada que conmemora la leyenda en el 2-25-9 Matsugaya.

El kappa *(河童)*

Criatura mítica de los ríos, representada a menudo en forma de humano o de simio, a menudo burlón o astuto, a veces maléfico y peligroso, el *kappa* es una de las figuras más representativas del folclore japonés. Muchas momias de *kappa* datan de la época Edo, y de hecho están hechas de restos de nutria o mezclas de varios restos de animales diferentes.

---

[1] 手塚治虫, *1928–1989. Uno de los mangakas más influyentes de Japón, autor de* Astroboy, El rey Leo *o* Black Jack, *entre otros.*
[2] 合羽屋喜八, ?–1814.

LOS ÁRBOLES QUEMADOS DE SENSO-JI

Supervivientes de los bombardeos de 1945

2-3-1 Asakusa Taito-ku (東京都台東区浅草2-3-1)
Cómo llegar: a 5 minutos andando de Asakusa (浅草)*, líneas Tokyo Metro Ginza, Toei Asakusa, Tobu Isezaki (Skytree Line) • Recinto del templo abierto las 24 horas*

El recinto del famoso templo Senso-ji en Asakusa alberga más de una decena de árboles que sobrevivieron al bombardeo de marzo de 1945 el cual, sin embargo, arrasó el templo, el más antiguo de la ciudad.. Las cicatrices de estos pocos rescatados olvidados son la prueba de la violencia del bombardeo.

El más fácil de ver es el enorme ginkgo situado a unos metros al suroeste del *hondo* reconstruido en 1958, justo delante de la comisaría situada al lado de la puerta Nitenmon. El árbol parece estar muy sano pero si uno lo examina de cerca verá que el tronco tiene unas marcas oscuras a causa de las quemaduras que sufrió en 1945.

Hay otros árboles en el recinto del templo que corrieron la misma suerte, como por ejemplo los que están delante de la pagoda de cinco plantas o justo detrás del *hondo*.

Algunos muestran importantes diferencias en el tronco: en la parte quemada, el tronco está pelado, liso, mientras que la parte que ha crecido después de la guerra está protegida por una corteza rugosa. Los árboles rescatados son evidentemente lo bastante antiguos para haber sobrevivido a la guerra.

Por lo tanto, hay que buscar los troncos más largos. Ir a conocer estos árboles con el tronco herido permite escapar un rato de las masas de turistas.

EL PARQUE DE YOKOAMICHO

Uno de los lugares de memoria más conmovedores de la capital

2-3-25 Yokoami Sumida-ku (東京都墨田区横網2-3-25)
Cómo llegar: a 5 minutos andando de Ryogoku (両国), líneas JR Sobu/Chuo o Toei Oedo
Parque abierto las 24 horas
El museo abre de 9 a 17 h, cierra del 29 de diciembre al 3 de enero y los lunes
Si el lunes es festivo, el museo abre pero cierra al día siguiente

El parque de Yokoamicho (横網町公園), situado a unos cientos de metros del estadio nacional de sumo, no es muy bonito. Sin embargo, es uno de los parques más impresionantes, incluso conmovedores, de la capital. Una visita al parque, casi siempre vacío, salvo durante las ceremonias de recuerdo (el 10 de marzo para las víctimas de los bombardeos y el 1 de septiembre para el terremoto), no deja indiferente a nadie. Dentro del parque, el monumento de la metrópolis de Tokio, considerado un monumento espiritual, es una elegante construcción de los años 30 coronada con una pagoda. El parque de Yokoamicho se construyó en el lugar donde murieron miles de personas. El 1 de septiembre de 1923, decenas de miles de tokiotas vinieron al parque a buscar refugio tras el gran terremoto de Kanto. Sin embargo, el parque, en obras en aquella época, acabó rápidamente rodeado por las llamas de los incendios que causó el seísmo, y luego engullido en una tormenta de fuego. 38 000 personas murieron tan solo en el parque, casi la mitad de las víctimas de Tokio.

Este monumento construido en 1930 es obra de Ito Chuta[1], el arquitecto del templo de Honganji en Tsukiji. La pagoda, que hace las veces de osario, alberga las cenizas de unas 58 000 víctimas del terremoto. 15 años después, en la noche del 9 al 10 de marzo de 1945, la operación Meetinghouse, que causó más de 100 000 muertos, Tokio fue víctima del bombardeo más letal de la Segunda Guerra Mundial y de la historia, más que los bombardeos de Hiroshima, Nagasaki o Dresde (ver p. 253). Los cuerpos que fueron dejados deprisa y corriendo en los parques de la ciudad terminaron siendo enterrados e incinerados en 1948, y las cenizas depositadas en el monumento, que hoy sirve de lugar de descanso eterno para los más de 160 000 muertos de las grandes destrucciones de la ciudad. Justo delante del monumento hay otro dedicado especialmente a las víctimas del bombardeo que contiene los apellidos de los fallecidos. El parque alberga una estela a la memoria de las víctimas coreanas masacradas por las multitudes y las milicias, a las que acusaron de todos los males después del seísmo. En los límites del parque, el Museo de la Reconstrucción (東京都復興記念館) está dedicado principalmente a los efectos del seísmo de 1923, con algunas exposiciones sobre el gran bombardeo. Es gratis, pero crudo y conmovedor.

[1] 伊東忠太, 1867–1954. Historiador y arquitecto, también autor, entre otros, del santuario de Heian-jingu de Kioto o de la reconstrucción del Yushima-Seido.

EL ESTANQUE DE LOS ANTIGUOS JARDINES YASUDA ⑮

… y su bomba que reproduce el movimiento de las mareas

1-12-1 Yokoami Sumida-ku (東京都墨田区横網1-12-1)
Cómo llegar: a 5 minutos andando de Ryogoku (両国), líneas JR Sobu/Chuo
o Toei Oedo • Abierto todos los días de 9 a 16.30 h, hasta las 18 h en junio, julio
y agosto (salvo el día de los fuegos artificiales de Sumidagawa). Cerrado del 29 de
diciembre al 1 de enero • Entrada gratuita

Situados en la residencia señorial adquirida por Yasuda Zenjiro[1], un empresario de la era Meiji, los antiguos jardines Yasuda (旧安田庭園) no son ni grandes ni sublimes pero son tan refinados que merecen una visita, después de ver una lucha de sumo en el estadio vecino. En el periodo Edo el estanque de los jardines, al estar cerca del río Sumida, se llenaba con el agua del río por lo que el nivel de agua del estanque subía o bajada acorde a las mareas del río. Hoy, una bomba reproduce los movimientos de las mareas, cambiando sutilmente la apariencia del estanque según la hora del día.

El edificio circular del Ryogokukoukaido (両国公会堂), situado antaño en una parte de los jardines, se reflejaba elegantemente en las aguas del estanque. De la época Taisho y tras usarse como salón de recreo durante la ocupación, su dudosa resistencia a los seísmos causó su desmantelamiento en 2015.

Honjo, un distrito arrasado dos veces

El distrito de Sumida nace de la fusión en 1947 de los distritos de Honjo y Mukojima. Honjo, lado sur, era el distrito más oriental de Tokio durante la era Meiji, y quedó prácticamente arrasado en dos ocasiones, en 1923 en el terremoto de Kanto y en 1945 durante los bombardeos incendiarios sobre la ciudad. El hotel Dai-Ichi de Ryogoku ocupa el emplazamiento del antiguo ayuntamiento del distrito.

---

[1] 安田善次郎, *1838–1921. Fundador en el siglo XIX del zaibatsu Yasuda, uno de los más poderosos del país hasta que desapareció después de la guerra. El banco Mizuho es su predecesor.*

EL MUSEO DE LA HERENCIA DE SUMIDA

Redescubrir la importancia del río

2-3-5 Mukojima Sumida-ku (東京都墨田区向島2-3-5)
*Cómo llegar: a 10 minutos andando de Tokyo Skytree/Oshiage (とうきょう
スカイツリー / 押上), líneas Tobu-Isezaki (Tobu Skytree line), Tokyo Metro
Hanzomon, Toei Asakusa, Keisei Oshiage, Keisei Honsen*
*Horario: de martes a domingo de 9 a 17 h. Lunes cerrado. Si el lunes es festivo,
el museo abre pero cierra al día siguiente. Cerrado el 4º miércoles del mes
Si el 4º miércoles del mes es festivo el museo abre pero cierra al día siguiente
Cerrado del 29 de diciembre al 2 de enero*

El Museo de la Herencia de Sumida (すみだ郷土文化資料館), situado en la entrada de la Kenban-Dori, en el 2-3-5 Mukojima, está gestionado por el distrito. Puede que Sumida no sea el distrito de Tokio más importante históricamente pero el río Sumidagawa ocupa un lugar clave en la ciudad dando al pequeño museo un interés particular. Desde octubre de 1989 el río está hermanado con el Sena, lo que dice mucho del importante lugar que ocupa en el corazón de los tokiotas. Antigua frontera entre las provincias de Musashi y Shimousa hasta el siglo XVII, el río está lleno de anécdotas y símbolos.

El museo aporta datos interesantes sobre la vida en torno al río, sobre la histórica función del puente Azumabashi, enfrente de Asakusa, y aborda los daños que causaron los bombardeos incendiarios de 1945. Las exposiciones principales se visitan en unos treinta minutos como máximo, y el precio económico de la entrada no hará que se arrepientan de la visita.

El discreto *kagai de Mukojima*

Kioto es más famoso en el mundo por sus *geishas* pero Tokio también tiene las suyas, más discretas. El *kagai* de Mukojima alberga una quincena de *ryoteis* concentrados en las callejuelas cercanas a la avenida Kenban-Dori donde trabajan un centenar de *geishas*, siendo Mukojima de hecho la parte del "mundo de las flores y de los sauces" más activa de la capital. Los distintos establecimientos son bastante fáciles de encontrar: son edificios más o menos tradicionales de apariencia tranquila en medio de edificios de los años 90 un poco envejecidos, desde Futaba (ふ多葉), lado norte, pasando por Kiyoshi (きよし), Irifune (入舟), Sakurachaya (櫻茶ヤ), Namimura (波むら) o Sumida (すみ多), lado sur.

Liste de los *ryoteis*

Nombre	Dirección (Mukojima Sumida-ku) 東京都墨田区向島
Chiyoda (千代田)	5-20-13
Futaba (ふ多葉)	5-24-13
Hananosato (花の里)	5-13-18
Ichimatsu (壱松)	2-8-13
Ichiyama (市山)	5-28-4
Irifune (入舟)	5-28-5
Kiyoshi (きよし)	5-35-3
Miyako (美家古)	5-3-5
Namimura (波むら)	2-15-8
Sakurachaya (櫻茶ヤ)	5-24-10
Sensui (千穂)	2-9-3
Sumida (すみ多)	2-15-13
Tsukibue (月笛)	5-29-9

EL *DANCHI* DE SHIRAHIGE-HIGASHI ⑰

El cortafuegos gigante de Sumida

Tsutsumi-Dori, Sumida-ku (東京墨田区堤通)
Cómo llegar: a 10 minutos andando de Higashi-Mukojima (東向島)
o de Kanegafuchi (鐘ヶ淵), línea Tobu Isezaki (Tobu Skytree Line)
Abierto las 24 horas

La "Gran Muralla de Sumida", hacia el norte del barrio, es el apodo del *danchi* de Shirahige-Higashi (白鬚東アパート): 18 bloques de apartamentos tristes y gigantescos, de 13 plantas, construidos en los años 70, forman una línea de casi un kilómetro y medio. Estos bloques residenciales adosados constituyen un auténtico muro de apartamentos orientados hacia el río Sumida, del que los separa el Parque de Higashi-Shirahige.

En realidad, el muro sirve de cortafuegos gigante entre las zonas bajas de Mukojima y el parque: el norte del barrio de Sumida, plagado de

construcciones de madera, es una zona considerada de riesgo en caso de catástrofe y el parque debería poder servir de zona de evacuación protegida de las llamas para 80 000 residentes. No es cuestión de hacer del norte de Sumida una hoguera de la que nadie podría escapar, Tokio ya ha sido lo bastante arrasada por el fuego a lo largo de su historia.

La "Gran Muralla" es aún más impresionante cuando uno se fija en todos los pequeños detalles que tiene para acabar con un posible fuego. Los pasillos de la planta baja que unen los distintos edificios están protegidos con gruesas puertas cortafuego, los pasillos de las plantas superiores también están protegidos con persianas metálicas plegables. Se pueden ver incluso varias mangueras contra incendio en las fachadas del complejo residencial cuyas terrazas poseen extintores de agua.

El *danchi*, monumento dedicado a la prevención contra los desastres, acusa un poco su edad. Como nunca se ha usado como cortafuegos, su eficacia está por demostrar, pero Shirahige-Higashi es un ejemplo único en su género en Tokio.

EL MUSEO SEIKO

Cuestión de tiempo

3-9-7 Higashi Mukojima Sumida-ku（東京都墨田区東向島3-9-7）
Cómo llegar: a 10 minutos andando de Higashi-Mukojima（東向島）
o de Kanegafuchi (鐘ヶ淵), línea Tobu Isezaki (Tobu Skytree Line)
Abierto de 10 a 16 h. Cerrado lunes y festivos salvo el 3, 4 y 5 de mayo y
durante las vacaciones de fin de año. Si el lunes es festivo el museo también
cierra al día siguiente
Visita guiada gratuita

Ubicado hasta 1999 en su emplazamiento original de producción en Kinsicho -la casi mítica fábrica de relojes de Seikosha que moldeó la vida al norte de la estación-, el Museo Seiko (セイコーミュージアム) se mudó a un antiguo almacén, lejos del centro, tras cerrar la fábrica.

El museo, de dos plantas, trata de la medida del tiempo y de la historia de la empresa fundada en 1881 a través de los cientos de relojes de todo tipo que expone. La visita empieza en la primera planta mostrando algunos objetos históricos, desde relojes de sol hasta ingeniosos dispositivos muy analógicos que permitían por ejemplo medir el paso del tiempo usando agua. El museo expone antiguos relojes mecánicos y algunos paneles (principalmente en japonés) muestran al común de los mortales los fundamentos de los fenómenos físicos de las pulsaciones del cuarzo. La segunda planta es un auténtico resumen detallado de la historia del siglo XX a través del prisma de Seiko y de sus relojes. El museo viaja en el tiempo y en la medida del tiempo a través de los primeros relojes mecánicos de principios del siglo XX, de los relojes que se fundie-

ron en el incendio causado por el terremoto de 1923, de los relojes de guerra, de los primeros relojes de cuarzo, de los relojes GPS y de los relojes del futuro. Las aplicaciones sobre el cronometraje en el mundo deportivo pueden verse al final de la visita, justo antes de la salida.

Teóricamente, el museo solo se visita previa reserva, sin embargo, ofrece la posibilidad de dejar entrar, sin mucho problema, a los visitantes esporádicos ya que no suele estar lleno. Aunque tiene un lado promocional un poco molesto, el museo es lo bastante original como para satisfacer a todos los visitantes. La visita es guiada y las explicaciones apasionantes.

EL SANTUARIO DE IMADO

Un posible origen del maneki-neko

1-5-22 Imado Taito-ku (東京台東区今戸1-5-22)
Cómo llegar: a 10 minutos andando de Asakusa (浅草), *líneas Tokyo Metro Ginza o Toei Asakusa*
Abierto de 9 a 17 h

A unos minutos al norte de la multitud de turistas de Asakusa, el recinto del santuario de Imado (今戸神社) es un remanso de paz fuera de lo común cerca de las orillas del Sumidagawa.

Fundado en el siglo XI, aunque la estructura actual es de los años 70, el santuario se anuncia como el lugar de origen de las figuritas de cerámica del *maneki-neko*, título que se disputa con el templo Gotokuji en Setagaya (ver p. 99).

Según la leyenda, en el siglo XVI un gato se habría aparecido aquí mismo en los sueños de una pobre mujer animándola a fabricar (y vender) figuritas de gatos de cerámica. Como cabía esperar, la recomendación trajo sus frutos aunque hubo que esperar a 2007 para que el santuario tuviese una estela presidida por dos gatos, que los visitantes pueden (o deben) acariciar, así como una estela en honor al nacimiento de la cerámica de estilo Imado.

Paralelamente, el santuario Imado festeja a la pareja divina formada por Izanagi y su esposa y hermana Izanami, la primera pareja casada según el panteón sintoísta. Aprovechando esto el santuario pasó a formar parte de los santuarios donde lo primordial es la búsqueda del amor. No son pocas las jóvenes, ni los jóvenes, que vienen a rezar para encontrar un esposo, o una esposa. El santuario organiza incluso eventos de encuentros de almas gemelas.

Combinando las dos tradiciones, la simbología de los gatos en pareja inunda el santuario.

Imado, Danzaemon y las clases sociales bajas

El norte de Asakusa hasta los límites de Edo, que se extiende aproximadamente hasta el río Sumidagawa moderno, congregaba en la época de los sogunes algunas comunidades de las clases inferiores de la población, especialmente los Eta (穢多), que se encargaban de las tareas más impuras como por ejemplo las relacionadas con la muerte de animales, y los *Hinin* (非人 - los no humanos), en los niveles más bajos de la escala social. En el Liceo Metropolitano de Asakusa, junto al santuario de Imado, residía Danzaemon (弾左衛門), cargo hereditario que supervisaba para el sogunato esos "sub-hombres" en la región de Tokio. Las castas se abolieron en la época Meiji y el terremoto de 1923, y luego la guerra, se encargaron de borrar gran parte de este pasado tan particular.

EL MONUMENTO A LAS PROSTITUTAS DE YOSHIWARA DEL TEMPLO DE JOKANJI

Cuando se envolvía el cuerpo de las prostitutas en paja...

2-1-12 Minamisenju Arakawa-ku (東京都荒川区南千住2-1-12)
Cómo llegar: a 5 minutos andando de Minowa三ノ輪), línea Tokyo Metro Hibiya
Horario: de 8 a 17 h

Cerca de la estación de metro de Minowa, un poco al oeste de Minami-Senju, no muy lejos de las vías de la línea Joban, el templo de Jokanji (浄閑寺), erigido en 1655, es el lugar de descanso eterno de unas veinte mil prostitutas del barrio de Yoshiwara (ver más abajo). Detrás del recinto del templo, una estela bajo un discreto monumento recuerda con un poema el trágico destino de estas prostitutas: *Umarete ha kukai, Shishite ha Jokanji* (生まれては苦界、死しては浄閑寺 – *Nacida en el sufrimiento, en la muerte en Jokanki*).

El templo era un *nagekomi-dera* (投げ込寺, *templo donde se tira*): se limitaban a dejar en la puerta del templo el cuerpo, a veces envuelto en paja de arroz, de las prostitutas muertas de Yoshiwara, donde se convertían en *Muen-botoke,* (無縁仏, *Buda sin conexiones*), a saber, fallecidos sin familia o sin amigos, para proceder a los rituales después de fallecer o para visitar y limpiar las lápidas y realizar ofrendas.

El monumento data de 1930, y viene de una estela para ofrendas de 1855, cuando unas 500 prostitutas fallecieron en un terremoto. Los visitantes podrán darse cuenta, seguramente por las ofrendas que hay en el monumento, de que el Tokio actual no se ha olvidado de las miles de prostitutas de Yoshiwara.

San'ya bori y Yoshiwara

Yoshiwara, barrio de la prostitución institucionalizado por el sogunato desde el siglo XVII y sujeto a un conjunto de reglas extremadamente estrictas, ha desempeñado plenamente su papel de barrio de los placeres durante toda la época Edo, sobre todo porque se prohibían los barrios "rivales" a medida que pasaban los años. Varios centenares de prostitutas y cortesanas clasificadas por su "calidad" estaban a disposición de los clientes en casi 150 establecimientos (遊女屋, *Yujoya*) concentrados en unos bloques de los que no podían salir. Un canal, San'ya Bori, era el acceso privilegiado en barco. Este canal, que transcurría de Minowa al Sumidagawa, se fue soterrando progresivamente en el siglo XX. La avenida Dote-Dori estaba cubierta por un dique[1] que bordeaba el canal y protegía la ciudad de los desbordamientos del Sumidagawa. Hacia el sur, las dos orillas del canal tenían diques. Cerca del Sumidagawa hay un pequeño parque que marca el principio del canal, el Parque de San'ya Bori. Dote-Dori sube hasta el 4-Senzoku, la dirección actual con el 3-Senzoku de Yoshiwara, pasando por la puerta histórica del barrio, Yoshiwara-Daimon.

---

[1] *En japonés* 堤, *Tsutsumi, de ahí el nombre del barrio* 日本堤 *Nihon-Zutsumi.*

LA ESTATUA DE JOE EN SAN'YA

Redinamizar la doyagai *de Tokio*

1-32 Nihon-Zutsumi Taito-ku (東京都台東区日本堤1-32)
Cómo llegar: a 10 minutos andando de Minami-Senju (南千住), líneas Tokyo
Metro Hibiya, JR Joban o MIR Tsukuba Express
Abierto las 24 horas

En la entrada de la galería comercial Iroha, del lado de Yoshiwara, hacia el 1-32 Nihon-Zutsumi, una estatua de 190 cm de Yabuki Joe puede hacer creer que el héroe del legendario manga *Ashita no Joe* se pasea como si nada por la Date-Dori, con las manos en los bolsillos, una tirita en la mejilla y con la chaqueta sobre el hombro. Los rasgos del rostro y el peinado parecen típicos del manga pero las proporciones y el aspecto realistas de la estatua pueden engañar de lejos. Con un nombre que se asemeja al juego de palabras (立つんだ像, Tatsunda-zo, *la estatua de pie*, cuya consonancia se acerca a Tatsunda Joe, de pie, Joe), la estatua de plástico reforzado instalada a finales de 2012 es el resultado de los esfuerzos de la galería comercial para intentar (re)dinamizar el barrio, que se usaba como decorado del manga de boxeo de los años 80 y 70.

San'ya: lo que más se parece a un gueto de la miseria humana en la capital

San'ya (山谷), el barrio por donde deambulaba Joe, ya no ocupa su lugar en la lista de los nombres de barrios en los mapas de la ciudad. Asakusa-San'ya ya existía antes de 1966 pero se dividió, cambió de nombre y fue absorbido por los tres barrios vecinos Kiyokawa, Nihon-Zutsumi e Higashi-Asakusa. San'ya es históricamente el doyagai de Tokio, el punto de encuentro de los vagabundos, de los sin techo y de los jornaleros, que concentraba pequeños establecimientos que ofrecían habitaciones por noche sin ningún servicio, los *kan-i-shukusho* (簡易宿所, alojamiento simple). En San'ya uno no vivía, subsistía. En los años 60, más de 15 000 trabajadores vivían al día manteniendo el fulgurante crecimiento del país desempeñando los trabajos más ingratos. Los programas públicos de alojamiento familiares que se llevaron a cabo progresivamente en los 60 y 70 alejaron a mujeres y niños y transformaron poco a poco el barrio en un lugar de hombres solos y pobres. Hoy, aunque el número de jornaleros ha disminuido bastante, San'ya sigue conservando su mala reputación y una apariencia a veces un poco destartalada. El barrio se parece mucho a un gueto de la miseria humana en la capital. El barrio ha envejecido muchísimo y la cantidad de hombres mayores, solos o demasiado viejos para trabajar ha aumentado considerablemente. Solo les queda esperar a morir en paz sobre un tatami de una de las minúsculas habitaciones de barrio.

LOS CAFÉS RECONVERTIDOS DE TAMANOI ㉒

Los vestigios de un antiguo barrio de prostitución
En las callejuelas de 3 Sumida Sumida-ku (東京都墨田区墨田3)
Cómo llegar: a 10 minutos de Higashi-Mukojima (東向島), ligne Tobu Isezaki (Tobu Skytree Line)

En medio de los bloques de casas de 3 Sumida, hay todavía edificios con un estilo un poco particular, más bien con formas redondas. Estos antiguos "cafés" son en realidad casas de alterne que reabrieron en la posguerra y que, desde entonces, se han transformado en apartamentos individuales. Su arquitectura original llamaba la atención y atraía a clientes ocasionales.

De entre estas construcciones, cabe resaltar la casa con la esquina redondeada cerca del 3-2-15 Sumida, algunas casas cerca del 3-14-7, así como otras en el 3-12 Sumida. Destaca en particular el mosaico de azulejos decorativos de algunos muros, aún visibles, vestigios de decoraciones un poco fantasiosas típicas de estos establecimientos.

LOS VESTIGIOS DEL CAMPO DE EJECUCIÓN DE KOZUKAPPARA

Suplicios en la entrada norte de Edo

2-34-5 Minami-senju Arakawa-ku (東京都荒川区南千住区2-34-5)
Cómo llegar: Minami-Senju (南千住), línea Tokyo Metro Hibiya, JR Joban
o MIR Tsukuba Express

En el barrio de Minami-Senju, en la frontera de la ciudad en la época Edo, el campo de ejecución de Kozukappara (小塚原刑場) era, con Suzugamori (ver p. 66), uno de los dos campos de ejecución más grandes de Edo. Hasta que cerró en la época Meiji, 200 000 personas perdieron la vida allí en las distintas ejecuciones a menudo públicas (hoguera, decapitación, crucifixión, empalamiento…, según la gravedad del crimen cometido).

A pesar de las elevadas cifras, quedan pocos vestigios del campo de ejecución. Hoy, la estatua de *Jizo* de cuatro metros que hay en el templo de Enmeiji, en la salida oeste de la estación de Minami-Senju, recuerda su existencia. Este *Jizo*, que ha conservado su cabeza, terminó ganándose el apodo de "el Jizo de la decapitación".

Ironía de la historia, a finales del siglo XIX los raíles de la línea Joban acabaron con el campo de ejecución. El *Jizo* y el cementerio sufrieron importantes daños durante el terremoto de 2011. Se restauraron en 2012. Hoy, Enmeiji está encajado entre dos vías férreas. Al norte de las vías se extiende el cementerio del templo de Minamisenju-Ekoin, que constituye la otra mitad del campo. El templo se construyó en 1667 para dar paz a los espíritus de las víctimas de las ejecuciones. En este cementerio también descansan algunas de las víctimas de la gran purga de Ansei de finales del sogunato así como una estela decorada que conmemora la visita en 1771 de tres *rangakushas* Sugita Genpaku[1], Nagakawa Jun'an[2] y Maeno Ryotaku[3]. Tras observar la disección de los condenados, los tres sabios iniciaron la traducción del tratado médico *Ontleedkundige Tafelen*, que dio lugar a la publicación del *Kaitai Shinsho* (解体新書, *Nuevo Tratado de Anatomía*), la primera obra sobre medicina traducida íntegramente de un idioma occidental al japonés.

El cementerio alberga la tumba original de Ude no Kisaburo[4], en forma de brazo. Kisaburo era un guerrero de la época Edo. Herido en el brazo durante un combate, él mismo se cortó el resto del brazo con una pequeña hacha. La tumba vecina es la de Takahashi Oden[5], la última mujer ejecutada por decapitación en Japón, en 1879.

Más al sur, los prisioneros se dirigían a Kozukappara vía el bien nombrado Namidabashi (泪橋, literalmente *el puente de los lloros*).

---

[1] 杉田玄白, *1733–1817.*
[2] 中川 淳庵, *1739–1786.*
[3] 前野良沢, *1723–1803.*
[4] 腕の喜三郎, *1642–1715.*
[5] 髙橋お伝, *1850–1879. Decapitada por haber degollado a un hombre que se negaba a prestarle dinero.*

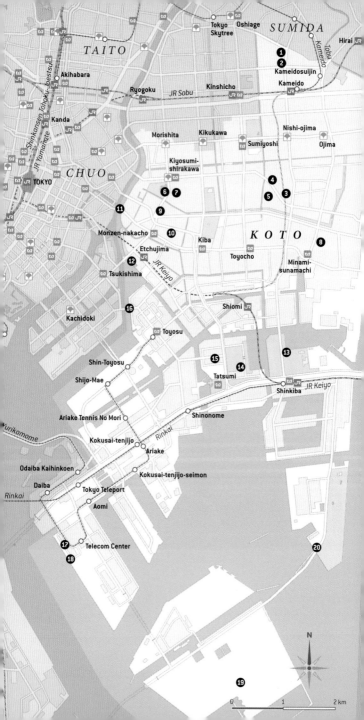

Koto

SINTOÍSMO PARA LOS DEPORTISTAS

El santuario Karoti-Jinja de Kameido

3-57-22 Kameido Koto-ku (東京都江東区亀戸3-57-22)
Cómo llegar: a 10 minutos andando de Kameido (亀戸), línea JR Sobu
Abierto todos los días de 9 a 17 h

El santuario de Katori-Jinja de Kameido (亀戸香取神社) es el santuario de la victoria y por extensión el lugar sintoísta por excelencia para los deportistas de la capital. Fundado, según la leyenda, en el siglo VII, es uno de los santuarios de Futsunushi, un general de la diosa Amaterasu mencionada en el *Nihon-Shoki*. Futsunushi también es un espíritu de las espadas en el panteón sintoísta. El santuario ha sido objeto de la veneración de otros grandes guerreros, empezando por Chiba Shusaku[1], desde que Fujiwara no Hidesato[2] donó una flecha al santuario tras haber acabado con la revuelta de Taira no Masakado en el siglo X (ver p. 26) para agradecer a *Kami* por haberle otorgado la victoria. Durante su participación en los Juegos Olímpicos de Pequín, Izumi Hiroshi[3], medalla de plata de judo en Atenas en 2004, llevaba consigo, al parecer, un *Kachimamori* (勝守), un *omamori* del santuario, así como el equipo femenino de voleibol para las clasificaciones de los juegos de Atenas en 2004. Hay que venir aquí, pero más por el ambiente que por la arquitectura: en los *emas*, se escriben las plegarias para obtener la victoria, para un partido de fútbol, incluso para toda la temporada, para uno mismo o para su equipo. En un ambiente ecléctico donde se mezclan todo tipo de uniformes, los jóvenes jugadores de beisbol se reúnen aquí el fin de semana con boxeadores aficionados para realizar una ofrenda rápida. Independientemente de toda connotación deportista, hay un imponente monumento en forma de rábano que destaca y que al parecer se donó al santuario en el siglo XIX como agradecimiento a una cosecha fructífera. La calle por la que van los peregrinos al santuario, el más antiguo del distrito de Koto, desprende cierto encanto. En 2011 rehabilitaron esta calle comercial, llamada *Katori Daimon Shouun* (香取大門勝運商店街), sin grandes alardes, para darle un aire de calle comercial de los años 50. El resultado está, admitámoslo, muy logrado: tiene un no sé qué en el aire y tiene sin duda un ambiente retro, aunque lo hayan reanimado de manera artificial.

EN LOS ALREDEDORES
La estela del parque del ciruelo ②
El huerto de Utagawa y de Van Gogh

Detrás del santuario Katori-Jinja, en el canal Kita-Jikkengawa, una estela y un cartel recuerdan el parque Umeyashiki (梅屋敷) donde se alzaba uno de los ciruelos más curiosos de la cuidad, que pintó primero Utagawa Hiroshige[4] en el siglo XIX en su cuadro *Umeyashiki* (梅屋敷, *Huerto de ciruelos*) de la serie Cien vistas de Edo, y que Van Gogh plasmó en su lienzo *El ciruelo en flor*. El parque desapareció en la gran inundación de 1910. La estela está casi a la altura del número 3-51.

---

[1] 藤原秀郷, ?–?. Aristócrata de la corte kiotense del siglo X y militar.
[2] 千葉周作, 1793–1856. Gran maestro de armas y fundador de la escuela Hokushin Itto Ryu.
[3] 泉浩, 1982–.
[4] 歌川広重, 1797-1858. Pintor y gran maestro de Ukiyo-e.

LOS VESTIGIOS DE LA ESTACIÓN DE MERCANCÍAS DE ONAGIGAWA ③

Una enorme estación eliminada en 10 años

2-9 Kitasuna Koto-ku (東京都江東区北砂2-9)
Cómo llegar: a 20 minuto andando de Nishi-Ojima (大島), línea Toei Shinjuku

Un misterioso nombre de cruce en la calle Meiji (小名木川駅前, Onagigawaeki-mae, Estación de Onagigawa) y un monumento con un auténtico eje de tren a la altura del parque Kitasuna 2-chome koen son los únicos testigos de la antigua y gigantesca estación de Onagigawa totalmente borrada de los mapas en 10 años.

Una línea de mercancías separa el vecindario de Kitasuna y sus *danchis*, disimulando apenas el enorme centro comercial Ario Kitasuna. Sea cual sea la zona de la ciudad, la presencia de un Ario es un buen indicador de un importante espacio industrial antiguo revalorizado. En este caso se trata de una antigua estación. Inaugurada en 1929, cerró en diciembre de 2000 y luego fue desmantelada. El centro comercial abrió sus puertas en 2010. El lugar es un testimonio de la rapidez con la

que la ciudad puede cambiar. El centro comercial, un poco alejado del metro, presta servicio esencialmente al vecindario y recuerda un poco a los gigantescos *outlets* de las afueras.

El puente de Onagigawa Glover Kyo y la micro-presa de Koto
Puente de trébol

Al noroeste de la antigua estación de mercancías, el cruce en perpendicular entre los canales de Yokojikkengawa y Onagigawa está coronado por el magnífico puente de Onagigawa Glover Kyon (小名木川. グロバー橋, *Puente de trébol de Onagigawa*). Construido en 1994, este puente peatonal en forma de trébol está ligeramente abombado para que los barcos ocasionales puedan pasar. El tráfico peatonal es muy liviano y la Sky Tree se ve con facilidad hacia el norte. Un descanso en medio del cruce del puente, en medio de los dos canales, permite recobrar el aliento e impregnarse de un ambiente donde flota la espuma de mar de Shitamachi y observar en el lado sur la micro-presa de Koto, construida en 2015 en la Yokojikkengawa. Esta micro-presa, la primera en los 23 distritos, produce un diminuto 1,1 Kw, para alimentar las luces nocturnas del puente.

Sunamachi-Ginza
El espíritu del nuevo Shitamachi

El este de la calle Meiji esconde una verdadera rareza, algo muy distinto y que por lo tanto complementa muy bien con la modernidad y con el enorme centro comercial cercano de Ario, la calle comercial de Sunamachi-Ginza (砂町銀座商店街), alias Sunagin. Esta calle, alejada del metro, situada por debajo del nivel del mar en su mayor parte y con más de 600 m de largo está, sin embargo, animada por sus leales clientes. Los bombardeos borraron la modesta e incipiente calle comercial de preguerra y Sunagin no inició su historia moderna hasta los años 60 como zona comercial de un barrio en una época más bien industrial. A pesar de su juventud tiene un estilo antiguo, huele a Shitamachi. Da la sensación de que la calle vivió la época Edo y que se limitaron (muy) levemente a modernizar las fachadas. La calle, bastante estrecha, es un bonito ejemplo del "nuevo Shitamachi". A veces hay carteles manuscritos que invitan a no publicar los precios en internet y a no hacer fotos en esta época de Facebook y Twitter.

EL CENTRO DE LOS RAIDS SOBRE TOKIO Y DE LOS DAÑOS DE LA GUERRA

Tokio, bajo el fuego enemigo

1-5-4 Kitasuna Koto-ku (東京都江東区北砂1-5-4)
Cómo llegar: a 20 minutos andando de Sumiyoshi (住吉) o de Nishi-Ojima (大島), línea Toei Shinjuku
Abierto de miércoles a domingo de 12 a 16 h. Lunes y martes cerrado
Cierre anual del 28 de diciembre al 4 de enero. Abierto 9 y 10 de marzo

En las profundidades de Koto, hay un pequeño edificio marrón que podría pasar por una casa normal si no fuese por las dos estatuas de la entrada. En realidad se trata del Centro de los raids sobre Tokio y de los daños de la guerra (東京大空襲・戦災資料センター), un museo privado, inaugurado en 2007, dedicado a los bombardeos incendiarios de Tokio en 1945, sobre todo los de la noche del 9 al 10 de marzo de 1945. Situado bastante lejos de los grandes centros de la ciudad, el museo no es museo estatal, no tiene mucha presencia en los medios de comunicación y, por consiguiente, no recibe muchos visitantes por lo que no es sorprendente ser el primer visitante del día, incluso durante el fin de semana. Visitar el museo estando solo hace que la visita sea más agradable y añade un aspecto solemne a los elementos expuestos. La mayor parte de la exposición está en japonés, pero a menudo no hacen falta palabras. El museo puede ser desgarrador, las cifras publicadas y los mapas que muestran el alcance de la destrucción puede incluso dejar al visitante estupefacto. La destrucción por las llamas al este de la Sumidagawa fue casi total: en una sola noche, toda la ciudad en torno al museo quedó totalmente arrasada. La ciudad actual es el resultado de una reconstrucción completa. El museo exhibe también una pequeña colección de documentos de época como folletos de propaganda que lanzaron los americanos, así como varias obras de arte resultado del trauma de los bombardeos. La visita no le dejará indiferente.

Las dos estatuas en la entrada del centro son especialmente conmovedoras. *Sekai no kodomo no heiwazo* (世界の子どもの平和像, *La estatua de la paz del niño del mundo*), representa a un niño regando un girasol que está orientado al sol (símbolo de la esperanza), delante de un gran huevo rajado, símbolo de paz y de fragilidad, que está a punto de eclosionar y de crear vida. Al lado, la muy emotiva *Senka no shita* (戦火の下, *Bajo el fuego de la guerra*), representa a una mujer abrazando a su hijo.

EN LOS ALREDEDORES
La estela de Hayagriva de Koto ⑤
Una estela a los caballos muertos durante los bombardeos

A unos minutos andando del museo, dirección sur, en el 1-3 Minamisuna, lado este del bloque, hay una estela budista de Hayagriva protegida por un marco de piedra, con caracteres rojos grabados *Koto Batokanzeon* (江東馬頭観世音, *Estela de Hayagriva de Koto*). Esta estela está dedicada a los 3000 caballos de tiro que murieron en los bombardeos. Todos los 10 de marzo se celebra una pequeña ceremonia junto a esta estela para recordar que nada escapó a la destrucción de la ciudad.

LAS VIVIENDAS Y LOS COMERCIOS ⑥ PÚBLICOS DE LA CIUDAD DE TOKIO DE LA AVENIDA KIYOSUMI

Un vestigio único de los años 1920

3-3 Kiyosumi Koto-ku (東京都江東区清澄3-3)
Cómo llegar: a 5 minutos andando de Kiyosumi-Shirakawa (清澄白河), líneas Tokyo Metro Hanzomon o Toei Oedo

Los visitantes de los alrededores de la estación de Kiyosumi-Shirakawa suelen venir por los agradables jardines de Kiyosumi, junto a los cuales hay unas cincuenta viviendas (東京市営店舗向住宅) de 1928, ubicadas en el lado oeste de la avenida Kiyosumi. Estas construcciones son un trozo de historia urbana tokiota de principios del siglo XX que merecen claramente un pequeño desvío. Esta alineación de pequeños edificios de cemento de dos plantas (algunos detalles recuerdan al *art déco*) en buen estado, construida durante la reconstrucción de la ciudad después del terremoto de 1923, sobrevivió milagrosamente a la guerra y al paso del tiempo. Inicialmente los edificios eran muy parecidos (tienda en la planta baja, viviendas en la planta alta) y los distintos residentes de estos edificios los modificaron y pintaron durante las décadas posteriores, algunos añadieron incluso una planta o modificaron ligeramente la fachada. Algunas plantas bajas albergan tiendas y cafés elegantes. Estos edificios alineados siguen desprendiendo cierto encanto.

EN LOS ALREDEDORES
Los jardines de Kiyosumi: un jardín creado por Mitsubishi ⑦

Aunque no son tan famosos como los de Koishikawa-Korakuen o tan distintos como los de Hamarikyu, los Jardines de Kiyosumi (清澄庭園), muy agradables, ocupan el terreno de una antigua casa señorial comprada en 1878 y transformada en jardines por el fundador del grupo Mitsubishi, Iwasaki Yataro[1], para que sus empleados descansaran. El acceso al lado este del parque, de formación natural, es de pago. El lado oeste, de inspiración occidental (sin buscar hacer un juego de palabras), es un parque abierto al público y gratuito, el Parque de Kiyosumi.

[1] 岩崎弥太郎, *1835–1885. Nacido en la provincia de Tosa, en 1870 pasa a ser presidente de Tsukumo Shokai, una pequeña empresa de comercio que renombró Mitsubishi Shokai, precursora del Grupo Mitsubishi.*

EL CENTRO DE OBSERVACIÓN DEL HUNDIMIENTO DEL TERRENO DE MINAMISUNAMACHI

⑧

En las profundidades de la ciudad

3-14 Minamisuna Koto-ku (東京都江東区南砂3-14)
Cómo llegar: a 5 minutos andando de Minamisunamachi (南砂町), línea Tokyo Metro Tozai. Centro de observación cerrado al público
Postes de señalización del hundimiento a la vista

Los usuarios del metro a quienes les pica la curiosidad (los hay a veces) se darán cuenta probablemente de que las salidas de la estación de metro de Minamisunamachi están ligeramente sobreelevadas y que sus puertas son mucho más grandes que las del resto de las estaciones. Estas puertas son estancas para reducir el riesgo de inundación dado que las inmediaciones del barrio de Minamisuna están por debajo del nivel de las aguas de la bahía. A pesar de que la salida en altura de la estación flirtea con el nivel del mar, el transeúnte se percatará rápidamente de que los alrededores no son planos y que ¡algunas calles están cuesta abajo! La salida 2b da al parque de Minamisuna 3-chome, donde se alza un poste azul indicador de altitud (水準標) que muestra los niveles que ha alcanzado el mar con marea baja y marea alta y durante las distintas tormentas y tifones históricos. Un poco más hacia el norte del parque, en la calle del lado este, y cerca de un campo de béisbol, hay otro poste de nivel de agua, igual de impresionante, al lado de una pequeña cabaña. Esta cabaña es en realidad el Centro de Observación de Hundimiento del Terreno de Minamisunamachi (南砂町地盤沈下観測所), donde dos pozos de 130 y 70 metros de profundidad, construidos 1954 y 1961, permiten medir con mayor precisión el hundimiento del terreno. En esta zona el hundimiento de la ciudad es más marcado y el poste, muy visible, indica unos niveles muy impresionantes de mareas. Un cartel explica el funcionamiento de los pozos de medida, no accesibles al público.

La 1/5 parte de Tokio por debajo del nivel del mar

Al este de la ciudad, Sumida, Koto, Edogawa y Katsushika, los barrios planos del perímetro del río Arakawa, se están hundiendo a causa de la actividad humana que mordisquea y seca las capas bajas de los suelos en los que se asientan. Hoy, casi el 1/5 de la superficie de Tokio está por debajo del nivel del agua. Algunas partes de Koto se han hundido 4,5 m desde 1918 y el inicio de las mediciones. Esta parte de Tokio es ahora una hondonada que, para complicarlo más, está llena de ríos a veces situados a altitudes diferentes ya que el ritmo de hundimiento no es uniforme en todos los sitios.

EL DECORADO DE LA ESTATUA
DE ENMA EN FUKAGAWA ENMADO

Un pequeño espectáculo de luz y sonido para los donadores

2-16-3 Fukagawa Koto-ku (東京都江東区深川2-16-3) en el templo Fukagawa Enmado (Hojoin)
Cómo llegar: a 10 minutos andando de Monzen-Nakacho (門前仲町), líneas Tokyo Metro Tozai y Toei Oedo • Abierto todos los días de 9 a 17 h

Aunos 500 metros al norte de Monzen-Nakacho, el templo Hojoin alberga una estatua sentada de Enma que, con sus 3,5 m de altura, es una de las más imponentes de Japón. Construida en 1989 con motivo de la reforma del templo, la estatua rojo intenso de madera pesa 1,5 t. Está ubicada en el edificio situado a la izquierda de la entrada del recinto, el *enmado*. A veces a todo el templo se le llama *Fukagawa Enmado* (深川 ゑんま堂, Enma de Fukagawa). Más que por su apariencia y su tamaño, lo que hace que la estatua sea original es su altar: cada uno de sus 19 cuencos de ofrendas colocados delante de Enma lleva grabado un deseo (éxito en los estudios, felicidad matrimonial, etc.). Cuando se entrega una ofrenda, se activa un pequeño espectáculo de luz y sonido. En ese momento, el Enma de mirada severa lanza, con su voz grave, un sermón al devoto, a veces sorprendido, y todo ello bajo la iluminación de unos proyectores que incluso parpadean en algunos sermones.

Tras las huellas de Soga Gogo para revitalizar las piernas

El templo de Hojoin, también tiene una piedra marcada con huellas de pasos. Según la leyenda son las huellas de Soga Goro[1], también conocido con el nombre de Soga Tokimune. Erigido en héroe popular en la obra de Kabuki Soga *Monogatari* (曽我物語, *La historia de Soga*), Goro, con la ayuda de su hermano, cogió al asesino de su padre. Le mató en la concurrida partida de caza que Minamoto no Yoritomo[2] ofreció en 1193 para celebrar su ascenso al rango de sogún. Según la tradición, subirse a esta piedra ayuda a tener unas piernas vigorosas.

[1] 曾我五郎, *1174–1193.*
[2] 源頼朝, *1147–1199. Fundador del sogunato de Kamakura.*

LA FACHADA DEL FUKAGAWA FUDOUDOU

Fachada en sánscrito

1-17-13 Tomioka Koto-ku (東京都江東区富岡1-17-13)
Cómo llegar: Monzen-Nakacho (門前中町), líneas Tokyo Metro Tozai
o Toei Oedo
Abierto todos los días de 8 a 18 h, salvo los días Ennichi (縁日, todos los 1, 15
y 28 de mes) que el templo cierra a las 20 h

En un Monzen-Nakacho poco frecuentado por los turistas extranjeros
se yergue el templo Fukagawa Fufoufou (深川不動堂), cuyo nombre completo es *Tokyo Betsuin Fukagawa Fudoudou* (成田山東京別院深
川不動堂, Anexo del Naritasan en Tokyo). El templo, destruido durante
la guerra, se reconstruyó por primera vez en los años 50, y recientemente
se ha levantado un nuevo edificio principal en un estilo particularmente

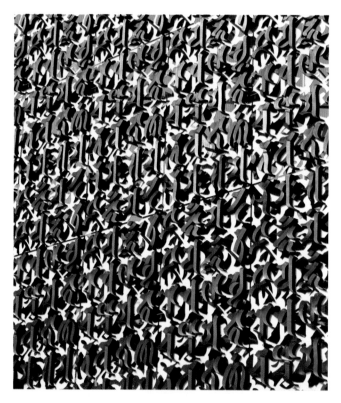

moderno y extremadamente original. De lejos el edificio parece estar cubierto por una tela negruzca que se va descubriendo a medida que uno se acerca a él. La fachada del templo, terminada en 2011[1], está totalmente recubierta de refinadas escrituras en *siddham* (*Bonji*, 梵字) que cautivan la vista. El siddham es un alfabeto que se usaba hacia el siglo X en el norte de la India para retranscribir el sánscrito, un periodo que corresponde aproximadamente a la difusión a gran escala del

budismo en Japón. Estas inscripciones parcialmente doradas reproducen el mantra de Acala-Vidyaraja, que se lee (o se enuncia) *Namah samanta-vajranam chanda maharosana sphotaya hum trat ham mam* (¡*Homenaje a todos los Vajras omnipresentes! ¡Oh aquel que es violento! ¡Destruye! Hum trat ham mam*). Dentro, el templo suele estar animado, y nos muestra un budismo que sigue siendo muy firme.

A unos metros, el santuario Tomioka-Hachimangu (富岡八幡宮) es, cada tres años, la sede del Festival de Fukagawa-Yawata, uno de los tres festivales importantes de Edo. El santuario es un lugar de memoria del gran bombardeo de Tokio, como así lo recordó la visita del emperador en agosto de 2012 y su encuentro con algunos supervivientes, 67 años después de la visita de su padre justo después del ataque aéreo sobre la ciudad.

EN LOS ALREDEDORES
Eitaibashi
Para una velada romántica cerca de una copia de un puente alemán

A 10 minutos de Monzen-Nakacho y de Fukagawa Fudoudou, el puente de Eitaibashi (永代橋), que pasa sobre el Sumidagawa, se construyó la primera vez a finales del siglo XVII. Tras el terremoto de 1923 se reconstruyó a la vez que el puente de Kiyosubashi pero un poco más al sur que su ubicación original y cruza el río Sumidagawa justo al norte de Tsukuda. El puente es una inspiración del Puente Ludendorff, cerca de Bonn, en Alemania. El Puente Ludendorff se desplomó en 1945 y ya solo queda esta copia de la primera mitad del siglo XX, declarada bien cultural. Por la noche una preciosa luz azul ilumina el puente. Las vistas nocturnas del puente desde las dos orillas tienen su encanto, el lado oeste, a la altura del inconfundible edificio IBM de Hakozaki y sus 25 plantas, es un poco más ancho y un poco más verde para un paseo tranquilo, de día o de noche, solo o en pareja.

---

[1] *Unas obras de ampliación hasta otoño del 2017 tapan una parte de las escrituras siddham.*

EL BARCO-MUSEO *MEIJI-MARU* ⑫

Un barco inspector de faros del siglo XIX en plena ciudad

2-1-6 Echujima Koto-ku (東京都江東区越中島2-1-6)
Tren: Echujima (越中島), línea JR Keiyo
Se puede ver desde fuera las 24 horas. En la actualidad el barco no se puede visitar

Cruzando el puente Aioibashi desde Tsukishima, se ve en la otra orilla un magnífico barco de tres mástiles: es el barco-museo *Meiji-Maru* (明治丸), situado en el campus de Echujima de la Universidad de Ciencias Marinas y Tecnología de Tokio.

Construido para realizar el mantenimiento de los nuevos faros instalados en Japón en la época Meiji, se encomendó la fabricación del Meiji-Maru al gobierno británico. El barco llegó de Escocia, donde entró en el agua en 1874, y llegó a Yokohama en 1875. El gobierno japonés comprobó al instante su utilidad: en 1876, sale de Yokohama a la vez que un barco de guerra inglés, y llega dos días antes a Chichijima en el archipiélago de los Ogasawara, afianzando las bases de la reivindicación territorial del Japón en aquellas islas. El barco también tiene su día conmemorativo, el día del mar, que celebra el regreso del emperador Meiji a Yokohama el 20 de julio de 1876 tras viajar en el *Meiji-Maru* por el norte del país.

Al principio solo tenía dos mástiles, el tercero se añadió en 1898 para convertirlo en un barco de prácticas. El interior del barco-museo no se visita, sin embargo se puede acceder al campus, anotándose en la entrada de la universidad, para acercarse a este increíble navío, hoy declarado como un importante bien cultural.

Varios *yakatabunes* que navegan por el Sumidagawa al anochecer amarran enfrente del *Meiji-Maru*. El pequeño parque de Nakanoshima, situado en medio del puente Aioibashi, permite abarcar todo el conjunto de un solo vistazo. Los alrededores son tranquilos ya que la estación que presta servicio al campus, Echujima, es la estación menos frecuentada de JR East en la capital, con unos 1/200º de la afluencia de la estación JR East de Shinjuku. Perfecto para apreciar todo el contraste de un barco del siglo XIX en plena ciudad.

Unyo-maru: otro velero en la ciudad

La Universidad de Ciencias Marinas y Tecnología de Tokio nace en 2004 de la fusión de la Universidad de la Marina Mercante de Tokio (東京商船大学) con la Universidad de Pesca (東京水産大学). Ambas universidades tenían su barco de la era Meiji expuesto en el campus: la Universidad de la Marina Mercante tenía el *Meiji-Maru* y la Universidad de Pesca el *Unyo-Maru* (雲鷹丸), un velero de prácticas de tres mástiles del año 1909. Este sigue expuesto en el campus de Shinagawa de la Universidad de Ciencias Marinas y Tecnología, en el 4-5-7 Konan en el distrito de Minato, donde estaba la Universidad de Pesca. Se pueden ver los mástiles del barco desde el Monorail en el trayecto entre el centro y el aeropuerto de Haneda, aunque la autovía tapa el casco.

DAIGO FUKURYU MARU

Un atunero contaminado por la radiación en 1954, en un antiguo vertedero

2-1-1 Yumenoshima Koto-ku (東京都江東区夢の島2-1-1), en el parque de Yumenoshima
Cómo llegar: a 10 minutos andando de Shin-Kiba (新木場), línea Tokyo Metro Yurakucho
Abierto todos los días de 9.30 a 16 h salvo los lunes. Si el lunes es festivo, el vestíbulo abre pero cierra al día siguiente

El parque de Yumenoshima tiene un puerto deportivo donde atracan algunos yates y un gigantesco invernadero tropical que gustará a los amantes de las plantas. El lugar más original del parque es sin duda la sala de exposiciones del *Daigo Fukuryu Maru* (東京都立第五福竜丸展示館). Este pequeño atunero de 141 toneladas de la prefectura de Shizuoka, botado en 1947, y característico de los barcos pesqueros de la posguerra quedó gravemente contaminado durante la prueba de una bomba de hidrógeno que realizó Estados Unidos en el atolón Bikini[1] en marzo de 1954. Horas después de la prueba un polvo de coral radioactivo traído por el viento empezó a caer sobre el barco, que, sin embargo, estaba en una zona considerada sin riesgo en el momento de la explosión. Días después el barco regresó a puerto sin contratiempos, sin embargo un miembro de la tripulación murió seis meses después a causa de la radiación. Hoy el atunero se expone al público, en perfecto estado, en un fascinante pequeño pabellón de exposiciones que se visita en poco tiempo, recordando el peligro de las armas atómicas.

La guerra de los desperdicios

El parque de Yumenoshima, que tiene varias áreas deportivas y una zona para hacer barbacoas, es un parque tranquilo y verde como otros que hay a lo largo de la bahía. Hoy es difícil creer que este lugar fue un gran vertedero al aire libre de toda la capital, un centro clave de la famosa "guerra de los desperdicios" entre los barrios de la ciudad en los años 70. En 1972, cansado de lo que consideraba una falta de buena voluntad por parte del barrio de Suginami de construir un centro de procesamiento de residuos, el barrio de Koto decidió bloquear sistemáticamente el acceso al vertedero a los camiones de Suginami, un bloqueo maloliente que marcó a la gente durante mucho tiempo. Para muchos tokiotas, Yumemoshima es sinónimo de "basura al aire libre", lo que puede explicar la relativa calma actual.

[1] *Atolón de las Islas Marshall del Pacífico Norte.*

EL PARQUE PARA DEPORTES
NUEVOS DE TATSUMI NO MORI

Disc golf y petanca en Tokio

2-1-35 Tatsumi Koto-ku (東京都江東区辰巳2-1-35).
Cómo llegar: a 10 minutos andando de Tatsumi (辰巳), línea Tokyo Metro
Yurakucho
Horario: de 9 a 17 h (de febrero a octubre) y de 9 a 16 h (de noviembre a
enero). Cerrado del 29 de diciembre al 3 de enero

A veces, al sur del parque Tatsumi no Mori Koen (辰巳の森海浜公園) se pueden ver a algunos deportistas en posturas raras practicando unos deportes sorprendentes. Esta parte del parque está reservada a la práctica de ocho "deportes nuevos". El parque tiene un recorrido de 9 agujeros de *mallet golf*, un deporte inventado en Japón, un deporte entre el cróquet y el golf. Ni hierros ni maderas para este deporte nuevo, sino un mazo con una cabeza muy gruesa, muy fácil de manejar. En el mismo estilo, el *disc golf* es un deporte donde hay que meter un disco en una cesta anclada al suelo. Encontraremos también un recorrido de 8 agujeros de *ground golf*, una versión del golf adaptada a las personas de la tercera edad con una pelota más grande. Siempre en estas versiones del golf, el *garden golf*, creado aquí, usa bolas de billar en vez de pelotas tradicionales y un recorrido de *putter golf* (una variación del minigolf) permite que los más pequeños le den a la pelota. Junto a estos recorridos hay dos pistas de *free tennis* (un deporte que se parece al ping-pong gigante) y terrenos de *shuffleboard* (un juego de disco). Hay incluso una

pista de petanca, aunque el olor a anís y el sol del mediterráneo quedan muy lejos.

Aparte de algunos torneos, el parque no suele estar lleno de gente y uno logra con bastante facilidad iniciarse en alguno de estos deportes nuevos. Solo hay que reservar o simplemente con decir que va a usar una de las pistas y alquilar *in situ* el equipamiento necesario. Hay clases de iniciación por la mañana en algunos de estos deportes (infórmese en el centro del parque para inscribirse).

EN LOS ALREDEDORES
El danchi de Tatsumi

⑮

Vestigios de los años 60 en la bahía

El gigantesco *danchi* de Tatsumi (辰巳団地) está justo al oeste del parque Tatsumi no Mori. Este *danchi*, que en realidad se llama Apartamentos Metropolitanos de 1-Tatsumi (都営辰巳一丁目アパート), es algo que hay que ver si uno quiere entender una parte de la historia de la ciudad. Este monstruo colectivo de finales de los 60, con sus decenas (casi una centena) de bloques de apartamentos de 5 plantas sin ascensor desentona con las torres ultramodernas de Shinomone y de Toyosu brillando de fondo. El barrio se perdió el boom de las megatorres de las orillas de la bahía y se ha quedado estancado en los años 70. Volvió a cobrar protagonismo muy brevemente debido al terremoto de 2011, el fenómeno de licuefacción de suelos fue particularmente marcado en el *danchi*.

EL PUENTE ABANDONADO DE HARUMI

Reliquias de una línea de carga abandonada

Entre 2 Harumi Chuo-Ku (東京都中央区晴海2) y 2 Toyosu Koto-Ku
(東京都江東区2)
Cómo llegar: a 10 minutos andando de Toyosu (豊洲), línea Tokyo Metro
Yurakucho y Yurikamome
Visible las 24 horas pero no se puede entrar en el puente

Cruzando el canal de Harumi, no muy lejos de las multitudes familiares de Lalaport, el puente solitario de Harumi (晴海橋梁) es un vestigio de la línea de transporte de mercancías en activo durante la explosión económica del país. Se construyó en 1957 para transportar cemento, materias primas y productos químicos entre Toyosu, Harumi y la estación de carga de Echujima. La línea de transporte cayó en desuso al incrementarse el tráfico de camiones y echó el cierre en 1989, mientras Toyosu se desindustrializaba. Hoy el puente está cerrado al público.

Quedan otros vestigios de la existencia de esta línea de transporte en la zona hasta la estación de mercancías de Echujima, aunque ya no queden rastros de la línea en Toyosu. Se pueden ver dos pilares de un puente, desmantelado en 2000, sobre el canal de Toyosu. Al este del canal, en 1-Shiobara, se distingue claramente el trazado de la línea al sur del terreno ganado al mar, y aún más al sur de 2-Shiobara: los estrechos pasillos verdes yermos son reveladores.

El pasado industrial de Toyosu

Estos últimos años Toyosu (豊洲) se ha convertido en uno de los lugares más famosos de la ciudad, pero su pasado es más industrial, como así lo confirma el puente abandonado. Al igual que los barrios vecinos, Toyosu surgió de las aguas de la bahía en la primera mitad del siglo XX. En aquella época varias fábricas ocupaban sus suelos, como una fábrica de gas y una central térmica. El cierre de la central en 1984, seguido de la apertura de la estación de metro de Toyosu y el cese de la producción de gas en 1988 aceleraron el proceso de mutación del barrio en los años 90. Las fábricas abandonaron progresivamente el lugar, las pocas casas obreras desaparecieron para dejar sitio a oficinas, y en los años 2000 y 2010 a unas torres residenciales monumentales alrededor de Urban-dock Lalaport Toyosu, un centro comercial que abrió en 2006 donde estuvo el astillero de IHI. Las impresionantes vistas del Rainbow Bridge desde las terrazas de los restaurantes de Lalaport y una puntita de sofisticación en el ambiente hacen que sea un lugar muy popular con un pasado desconocido.

EL CENTRO DE INFORMACIÓN DE LAS ADUANAS DE TOKIO

Contrabando y Custom-kun

2-7-11 Aomi Koto-ku (東京都江東区青海2-7-11)
Cómo llegar: a 5 minutos andando de Telecom Center (流通センター),
línea Yurikamome
Horario: de 9 a 17 h. Cerrado sábados, domingos y festivos

En la segunda planta del edificio principal de las aduanas de Tokio, un centro de información (東京税関情報ひろば) original propone una pequeña serie de exposiciones variadas que recuerda la historia (desde la llegada de los barcos negros de Perry y la apertura de Japón), el rol y la importancia de las aduanas para el país.

Este centro alberga distintas copias y animales protegidos disecados, junto a algunos ejemplos, a veces muy imaginativos, de métodos de contrabando. Por último, tras aprender todo de los perros rastreadores, se puede probar un simulador de máquina de rayos X. El centro hace todo

lo posible por intentar darle un toque lúdico a pesar de lo serio que es el tema. Los visitantes pueden hacerse una foto con Custom-kun, el perro gordinflón amarillo, mascota de las aduanas japonesas.

Es necesario registrarse en la entrada del edificio para entrar en el centro de información.

EN LOS ALREDEDORES

La vista de los muelles de Oi desde el parque de Aomi Minami-Futo ⑱

El vals de los contenedores

A 5 minutos andando del centro de Aduanas, justo detrás del muy turístico Oedo-Onsen-Monogatari, el parque de Aomi Minami-futo Koen es mucho más tranquilo, a saber, suele estar desierto. Se puede pescar y a veces algunos aficionados vienen a pasar el día. El parque tiene un jardín japonés sencillo y agradable pero ofrece sobre todo unas de las mejores vistas en la ciudad de los muelles de contenedores de Oi desde sus orillas, que encantará a los amantes de la logística portuaria y de los barcos grandes. Los que quieran ver la espectacularidad de las cargas y descargas tienen que venir por la mañana, el momento más propicio para las entradas y salidas de los barcos y por lo tanto de los movimientos de los contenedores. Enfrente está el acceso a los muelles de Oi, vetado al público en general, y las gigantes grúas de los atraques solo se pueden ver parcialmente desde la carretera. Además, el tráfico de camiones desde y hacia los muelles puede volverse rápidamente infernal en las horas punta así que es mejor disfrutar de las vistas desde un poco más lejos, desde el parque. La bahía del lado de Oi es una oda a los contenedores: los siete atraques de los muelles de contenedores de Oi, con 14 grúas de carga rojas y blancas, ocupan 2354 metros de costa. Estos muelles, inaugurados en 1975 y rehabilitados en 2004, son los más importantes de los tres muelles para buques portacontenedores del puerto de Tokio.

Los muelles "históricos", inaugurados en 1967, son los de Shinagawa. Situados justo al norte de Oi, solo tienen tres atraques y son los más pequeños del puerto. El tercer muelle es el de Aomi, al lado del parque. Unos 3000 portacontenedores y casi 1,8 millones de "contenedores TEU" (acrónimo inglés de unidad equivalente a 20 pies) transitan al año por Oi. Al lado de las aguas en Oifuto, el Parque de Minatogaoka-futo Koen, abierto en 1977, es un parque público gestionado por la Autoridad Portuaria Metropolitana. En medio del parque se eleva una pequeña colina artificial de unos veinte metros de alto, lo bastante alta como para ofrecer unas vistas decentes de los alrededores, entre ellas una parte de los muelles.

LOS TERRENOS GANADOS AL MAR ⑲ DE CHUO BOHATEI

La ciudad se extiende sobre sus deshechos

Cómo llegar: a 5 minutos andando de la parada de bus Kankokyoku-Chuo-Godochoshamae (環境局中防合同庁舎前) línea Toei 波1, salida de Telecom Center (テレコムセンター) línea Yurikamome
Último bus de Telecom Center hacia las 21 h
Accesible las 24 horas. Para visitar una planta de reprocesamiento es necesario reservar (http://www.tokyokankyo.jp/kengaku/umetate.html o 03-3570-2230)
Se puede visitar de lunes a viernes de 9 a 16.30 h, y los sábados en enero, febrero, marzo, julio y agosto

Los últimos proyectos importantes hasta hoy en la bahía, los terrenos ganados al mar de Chuo Bohatei (中央防波堤, *Rompeolas centrales*), son ejemplos concretos de cómo se forma la ciudad: 300 hectáreas de un Tokio que surge del agua. Justo después del puente Chuo-Ohashi, hay un pequeño espacio en la carretera (accesible a los peatones que tuvieron el valor de venir hasta aquí) exactamente debajo de las trayectorias de aterrizaje y despegue de la pista B del aeropuerto de Haneda. Normalmente el público general no puede acceder a la zona de terrenos ganados al mar pero la Tokyo Environmental Public Service Corporation (東京都環境公社) organiza visitas a una planta de reprocesamiento situada

en el norte del terreno ganado al mar. Durante esta visita uno comprende mejor el destino y la función de los deshechos de la ciudad en su expansión.

EN LOS ALREDEDORES
El acceso peatonal a Gate Bridge

Inaugurado en febrero de 2012, el majestuoso Gate Bridge (ゲートブリッジ), que une Chuo Bohatei y Wakasu es parcialmente accesible a los peatones en el extremo sur de Wakasu. Wakasu, terminada a mediados de los años 70, es una de las pocas secciones administrativas vacías de la ciudad, oficialmente sin ningún residente. Un autobús cruza todo el barrio uniendo la salida sur de la estación de Shin-Kiba con el campin del parque de Wakasu, uno de los pocos cámpines situados dentro de un distrito. El campin está animado los fines de semana y en verano durante las barbacoas estivales. El bus bordea en su trayecto un campo de golf de 18 agujeros, el Golf Links, bajo las redes atrapabolas. El campin y el golf están a la sombra del impresionante puente. Gracias a un ascensor, los peatones pueden subir a la plataforma desde la cual el curioso puede apreciar unas vistas despejadas del este de la ciudad. Importante: los peatones solo pueden acceder a la parte este, por lo tanto no se puede hacer el recorrido completo hasta los terrenos ganados al mar de Chuo-Bohatei sin un vehículo motorizado.

ÍNDICE ALFABÉTICO

ÍNDICE ALFABÉTICO

Anime: アニメ, dibujos animados.

Apato (de "apartamento"): アパート, edificio de viviendas colectivas de poca altura (2 o 3 plantas) cuya estructura es de madera o acero ligero, especialmente popular en la época Showa. Dada la superficie generalmente limitada de este tipo de apartamento y la delgadez de sus paredes, estas viviendas colectivas japonesas emblemáticas de los años 60 y 70 se ganaron el apodo de "jaula de conejos".

Bodaiji: 菩提寺, templo titular donde se celebran los funerales familiares.

Bunrei: 分霊, partición de una divinidad sintoísta para sacralizar otro lugar.

Combini (de "Convenience Store"): コンビニ, tienda de conveniencia o tienda de barrio, generalmente franquicia de una cadena.

Cosplay: コスプレ, disfrazarse de un personaje de manga o de videojuego.

Dagashi: 駄菓子, golosinas a muy buen precio que suelen comprar los niños.

Daikokuten: 大黒天, dios protector budista, cuyo nombre en sánscrito es Mahakala, derivado del dios hindú Shiva. Una de las siete divinidades de la fortuna.

Daimyo: 大名, señor feudal.

Danchi: 団地. Los *danchis* tienen una definición principalmente funcional resultante de los planes de urbanismo. Son complejos residenciales públicos o semipúblicos para las clases sociales más pobres. Normalmente son muy fáciles de reconocer; son hileras de enormes bloques de apartamentos de hormigón, de misma altura, donde la utilidad prima sobre la apariencia. Los grandes *danchis* se construyeron después de la Segunda Guerra Mundial y durante el milagro económico.

Datsue-ba: 奪衣婆, personaje demoníaco que desnuda a los espíritus de los muertos que cruzan el Sanzugawa (三途川), el río de los bordes del infierno.

Doyagai: ヤ街, "Barrio en Doya", barrio con alojamientos por día a un precio muy barato. "Doya" es una palabra de argot, la inversión de sílabas de yado (宿), alojamiento.

Ebisu: 恵比寿, divinidad protectora, dios de la pesca y de la suerte, uno de los siete dioses de la fortuna, el único de Japón que no es de origen hindú.

Ema: 絵馬, tablilla de madera en los santuarios sintoístas donde uno escribe sus plegarias o sus deseos.

Enma: 閻魔, divinidad budista e hindú, Yama, juzga a los muertos a las puertas del infierno.

GachaGacha: ガチャガチャ, también llamado Gachapon (ガチャポン), máquina de monedas de bolas de plástico que contienen un juguete, onomatopeya del ruido que hace cuando se gira la manivela tras insertar la moneda para recuperar el juguete.

Genkai-shuraku: 限界集落, pueblo de campo o de montaña alejado de las grandes rutas de intercambio del país, cuya población de personas mayores es tan alta que corre el riesgo de desaparecer a corto plazo.

Geta: 下駄, calzado tradicional.

Goemonburo: 五右衛門風呂, bañera de hierro en forma de caldero que se calienta directamente sobre el fuego y con tablas de madera para evitar el contacto directo con las paredes ardientes.

Hatamoto: 旗本, samurái al servicio directo del sogunato en la época Edo.

Hatsumode: 初詣, primeras oraciones del año.

Hokora: 祠, pequeño santuario sintoísta, santuario subalterno.

Honetsugi: 骨接ぎ, quiropráctico tradicional.

Hotei: 布袋, Buda sonriente, dios de la tolerancia y de la generosidad.

Hondo: 本堂, edificio principal de un templo que alberga el objeto principal de veneración.

Irori: 囲炉裏, hogar (chimenea) tradicional japonés.

Izakaya: 居酒屋, establecimiento entre bar y restaurante, donde el alcohol ocupa un lugar importante.

Jizo: 地蔵, uno de los *bodhisattva* más venerados del budismo en Japón, cuyo nombre en sánscrito es Kshitigarbha. Representado a menudo como un monje de pie, se le identifica en la creencia popular con un salvador de las almas o los espíritus errantes, a veces protector de los niños.

JMA: *Kishocho*, 気象庁, Japan Meteorological Agency (Agencia Meteorológica Japonesa).

JSDF: *Jieitai*, 自衛隊, Japan Self-Defense Forces (Fuerzas de Autodefensa Japonesas).

Kabayaki: 蒲焼き, anguila a la parrilla.

Kagai ou ***Hanamachi***: (花街), barrio de placer que concentra los establecimientos de geishas.

Kami: 神, espíritu/dios sintoísta.

Kanzashi: 簪, adornos para el pelo.

Koban: 交番, comisaría de barrio.

Kojiki (古事記, Crónicas de antiguos hechos) y **Nihonshoki** (日本書紀, Historia de Japón): datan del siglo VIII y son consideradas las primeras obras históricas de Japón. Presentan, entre otros, mitos y leyendas sobre la creación del país y detallan lo que constituye lo esencial de las bases del panteón sintoísta.

Konnyaku: こんにゃく, alimento a base de harina de konjac.

Korokke: (del holandés *krokket*), コロッケ, croqueta de puré de patatas, especialidad japonesa inspirada en la cocina occidental que llegó a Japón a finales del siglo XIX.

Maneki-neko: 招き猫, estatuilla de gato que invita a la felicidad material.

Mansion: マンション, vivienda colectiva.

Miko: 巫女, mujer al servicio de un santuario.

MLIT: *Kokudo Kotsusho*国土交通, *Ministry of Land, Infrastructure, Transport and Tourism (Ministerio de Territorio, Infraestructura, Transporte y Turismo).*

Moba-Moga: モボ・モガ, abreviatura de *Modern Boy, Modern Girl*, cultura y moda de la juventud que se occidentalizó en los años 20 y 30.

Mon: 紋, signo heráldico.

Monjayaki: もんじゃ焼き, especialidad culinaria a base de harina de trigo.

Monozukuri: ものづくり, "la fabricación de las cosas", término empleado a menudo para resaltar la precisión japonesa de la ingeniería y de la producción industrial.

Nihonshoki: ver *Kojiki*.

Omamori: 御守, talismán protector.

Oyakodon: 親子丼, cuenco de arroz con salsa a base de huevo.

Pachinko: パチンコ, juego arcade parecido al Flipper en el que se usan canicas.

Rakans: 羅漢, discípulos de Buda en el camino de la iluminación (arhat), a menudo representados con una expresión cómica.

Rangakusha: 蘭学者, "holandólogo", sabio de la época Edo, experto en el estudio de los textos occidentales obtenidos principalmente mediante el comercio con los navegantes holandeses durante el periodo aislacionista del país.

Romaji: ローマ字, alfabeto latino.

Ronin: 牢人 o 浪人, en la época Edo, guerrero sin amo tras haber perdido (o abandonado) a su señor.

Ryotei: 料亭, establecimiento más bien lujoso donde a veces trabajan las geishas.

Sando: 参道, camino de peregrinación.

Sento: 銭湯, baños públicos.

Shomen-Kongo: 青面金剛, divinidad azul de seis brazos, espíritu yaksha derivado del sintoísmo chino y en el centro del culto popular *koshin* (庚申). Shomen-Kongo es un dios-demonio protector de las enfermedades.

Shugoshin: 守護神, guardián, dios protector.

Shukuba: 宿場, estación de descanso en las antiguas carreteras, ver p. 155.

Sobas: 蕎麦, fideos de trigo sarraceno.

Suikinkutsu: 水琴窟, decoración tradicional de jardines que hace las veces de instrumento musical con el sonido que genera la caída de gotas de agua en una sala subterránea oculta.

Tokusatsu: 特撮, serie de TV o película en la que se usan muchos efectos especiales (desde Bioman hasta X-Or y Godzilla), siendo Ultraman uno de los predecesores de este género.

Torii: 鳥居, puerta sintoísta.

Wadokei: 和時計, , reloj mecánico que da la hora tradicional (ver p. 21). La duración de las horas que en la época Edo variaba con las estaciones ha generado mecanismos particularmente complejos.

Yakatabune: 屋形船, barco tradicional de recreo que se usa para las cenas-crucero.

Zaibatsu: 財閥, conglomerado de empresas industriales y financieras.

CRÉDITOS FOTOGRÁFICOS

Derechos reservados, todas las fotos son de Pierre MUSTIÈRE excepto :

David MICHAUD :
Sección de criminología de la Universidad de Meiji (p.16), Takarakuji Dreamkan (p.30), edificio Okuno (p.32), templo Toyokawa-Inari (p.42), santuario de Kagata (p.60), exteriores de Tamagawa-Daishi (p.121)

Nesnad, los jardines de Kyu-Furukawa (p.148)
Wiii, la mezquita de Tokio (p.186)

Construcción de la esclusa de Komatsugawa (tarjeta de año nuevo, hacia 1930, p. 216)
El gran Buda de Ueno, época Taisho (1912-1926, p. 247)
Vistas de Akasaka y Azumabashi después del bombardeo de marzo de 1945, agradecimientos al Centro de los raids aéreos sobre Tokio y de los daños de guerra por estas dos fotografías (p. 253 y p. 255).

ILUSTRACIONES

Encuentro entre William Adams e Ieysau Tokugawa en 1600, Pieter VAN DER AA, 1707 (p.24)
Cartel de la Exposición Universal de 1940 (p. 37)
徳川幕府刑事図譜 (*Libro ilustrado de causas penales del sogunato Tokugawa*), 1893 (p. 67 y p. 271)
木曾街道板橋之驛 (*La estación de descanso de Itabashi en la ruta de Kiso-Kaido*), KEISAI Eisen (渓斎英泉), hacia 1836 (p. 155)
名所江戸百景　四ツ木通用水引ふね (*Cien famosas vistas de Edo. Los remolcadores en el canal de Yotsugi-dori*), UTAGAWA Hiroshige (歌川広重), 1857 (p. 202 y portada)
Expansión de Tokio en la bahía, Pierre MUSTIÈRE, varias fuentes, 2017 (p. 213)
幻燈写心鏡　隅田川 (*Ensueños bajo la linterna mágica, Sumidagawa*) TOYOHARA Chikanobu (豊原周延), 1890 (p. 258)
Mantra Mahāpratyangirā, Siglo X a. C. (p. 285)

AGRADECIMIENTOS

KERA Hiyoko, Machiko y Yuichiro; Nadine MUSTIERE; Nicolas PLARD; Carole NAGANUMA; KANNO Naoko; SANO Kana; Samir BENNAFLA; Stéphanie AYUSAWA; Marine DURAND; Mamoun DRISSI KACEMI; Miku, Annie, Asuka y Momo en el Baltimore; por las correcciones, precisiones y/o autorizaciones: KAWAKAMI Yusuke (p. 47); HORI Kenshin (p. 58); YASUDA Kiyotaka (p. 104); TAKADA Hiroshi (p. 141); ISHII Naoe (p. 144); KITAGAWA Shoichiro (p. 148); ISHIDA Tsuyoshi (p. 162); MIYAZAWA Satoshi (p. 168); AMITANI Norimasa (p. 180); KASUGA Ryo (p. 210); MURAKI Megumi (p. 232); un agradecimiento especial a Ryotei FUTABA y a Kingyo por haberme invitado (p. 258); KUMAGAI Katsuhiro (p.262); ICHIDA Mari (p.288); SHIBATA Junko (p.294); LEE Kazuo (p.296); aunque al final los lugares en cuestión no aparecen en esta edición por razones de espacio, agradecimientos por su ayuda a FUJITA Teru (Museo de Animación de Suginami), SAWA Yoshihiro, MISAKA Mihoko (Centro de entrenamiento del parque de prevención contra los desastres de Tokyo-Rinkai) y WADA Tadashi (Museo del Metro).

Cartografía: **Cyrille Suss** - Diseño: **Coralie Cintrat** - Maquetación: **Iperbole**
Traducción: **Patricia Peyrelongue** - Corrección de estilo: **Milka Kiatipof**

© JONGLEZ 2017
Depósito legal: Junio 2017 – Edición: 01
ISBN : 978-2-36195-117-7
Impreso en Bulgaria por Multiprint